GUERNICA
ICONA DI PACE   ICON OF PEACE

SilvanaEditoriale

GUERNICA
ICONA DI PACE   ICON OF PEACE

lo straordinario Cartone di Picasso da cui è nato l'arazzo oggi all'ONU
the extraordinary Cartoon by Picasso from which was born the tapestry, today at the United Nations

Senato della Repubblica
15 dicembre 2017 – 5 gennaio 2018
15 December 2017 – 5 January 2018

Museo Magi '900
museo delle eccellenze artistiche e storiche
museum of the artistic and historical excellences
13 gennaio – 28 febbraio 2018
13 January – 28 February 2018

partner

Museo Magi '900 – Pieve di Cento (Ferrara)
museo delle eccellenze artistiche e storiche /
museum of the artistic and historical excellences

patrocinio / patronage

curatore della mostra / curator of the exhibition
Serena Baccaglini

comitato d'onore / honor committee
Jesùs Manuel Gracia Aldaz
ambasciatore di Spagna in Italia /
Spanish ambassador to Italy

Aldo Amati
ambasciatore d'Italia in Repubblica Ceca /
Italian ambassador to the Czech Republic

Stefano Bonaccini
presidente della Regione Emilia-Romagna /
president of the Emilia-Romagna Region

Silvia Costa
eurodeputato / member of the European Parliament

Evangelos Kekatos
vicesindaco comune di Cefalonia, Grecia / vice
mayor of the Municipality of Kefalonia, Greece

Susy Snyder
presidente di ICAN – premio Nobel per la Pace 2017 /
president of ICAN – 2017 Nobel Peace Prize

comitato scientifico / scientific committee
Cynthia Bronson Altman
curatore al Rockefeller Brothers Fund, New York/
curator at the Rockefeller Brothers Fund, New York

Mario Virgilio Montañez Arroyo
direttore promozione culturale della Fondazione
Picasso, Malaga / director for cultural promotion at
the Picasso Foundation, Malaga

Glorvina Dürrbach-Célérier
rappresentante eredi di René Dürrbach e Jacqueline
de La Baume-Dürrbach / on behalf of René
Dürrbach and Jacqueline de la Baume Dürrbach's
heirs

Fabrizio Battistelli
professore emerito all'Università degli Studi
La Sapienza, Roma / professor emeritus,
Università degli Studi La Sapienza, Rome

Antonella Cancellier
professore presso l'Università degli Studi, Padova /
professor, Università degli Studi, Padova

Vittorio Cigoli
professore emerito all'Università Cattolica del Sacro Cuore, Milano / professor emeritus, Università Cattolica del Sacro Cuore, Milan

Giuliano Pisani
filologo classico e storico dell'arte / classical philologist and art historian

Lionello Puppi
professore emerito all'Università degli Studi Ca' Foscari, Venezia / professor emeritus, Università degli Studi Ca' Foscari, Venice

Serena Baccaglini
coordinatore del comitato scientifico / scientific committee coordinator

comitato culturale / cultural committee
Tommaso Micaglio
managing partner, One33 Investiment House, Milano

Paolo Zanenga
presidente Diotima Society, Milano / president Diotima Society, Milan

assicurazioni / insurance
Hiscox – Artekuranz GmbH & Co. KG.

vettore ufficiale / transport
Antoine Decarsin

logistica e collegamento con Museo Magi '900 / logistic and coordination with Museo Magi '900
Marco Ferrari

assistenza legale / legal assistance
Roberto Pacini LP Consulting

coordinamento informazione, comunicazione e promozione / information, communication and promotion coordination
Elisabetta Giudrinetti

catalogo / catalogue
Silvana Editore

uno speciale ringraziamento / special thanks to
Cynthia Altman, Angelo Bardone, Fabrizio Battistelli, Jacques Battesti, Vittorio Cigoli, Glorvina Dürrbach-Célérier, Cinzia Giacchetta, Marino Giannetti, Dandan Liu, Paolo Massarini, Mario Virgilio Montañez Arroyo, Kimberly Mirelez e il / and the San Antonio Museum of Arts, Roberto Pacini, Alessandra Ponzi, Ferdinando Santoro, Michele Simonato

Senato della Repubblica

La contemporanea presenza, nei locali del Senato della Repubblica, di una mostra dedicata al Cartone di *Guernica*, capolavoro universalmente riconosciuto di Pablo Picasso, e di un'esposizione che rende omaggio ai settant'anni della nostra Costituzione è una fortunata coincidenza che non può non interrogarci sul tema della guerra, così terribilmente attuale, e nel contempo impegnare la nostra coscienza a ripudiarla, come recita il dettato costituzionale all'articolo 11.

La guerra, in qualsiasi epoca avvenga o sia avvenuta, porta con sé solo urla, angoscia, dolore e la disperazione di persone sopraffatte dalla violenza.
Sentimenti che Picasso, sconvolto dal bombardamento sulla cittadina basca di Guernica da parte della Legione Condor tedesca il 26 aprile 1937, seppe così ben esprimere nel dipinto che da questa località prese il nome al punto di farlo diventare, con la sua forza evocativa, un autentico *manifesto contro la guerra*.
Non solo. Picasso, creando *Guernica*, elaborò un profondo e personale processo di sdegno civile per quanto stava accadendo nell'Europa totalitarista di quegli anni, sfociando a poco a poco in un impegno sociale sempre più maturo e capace di opporsi, con la propria arte, alla barbara violenza della guerra.

E, soprattutto, con questa opera Picasso volle fare un vibrante appello al variegato mondo dell'Arte affinché non *girasse mai la testa dall'altra parte* dinanzi ai germi di disumanità che ogni conflitto porta con sé, ma facesse sempre sentire la propria voce e sapesse, attraverso la bussola della *cultura* – ovvero del rispetto della diversità, del dialogo e dell'ascolto –, indirizzare l'uomo verso la pace, che non è la mera assenza di guerra, bensì il più alto tra i valori della convivenza umana.

Appello che oggi, forse ancora più di ieri, mantiene la sua forza ed evidente attualità.
Abbiamo bisogno di opere che sappiano scuotere le nostre coscienze, che sappiano essere un faro per noi e per i nostri figli per non farci perdere la giusta rotta, quella di essere portatori di quell'inestimabile valore che è la Pace.

Siamo onorati e orgogliosi di ospitare, per la prima volta in Italia, il Cartone di *Guernica* che Picasso disegnò per realizzare l'arazzo oggi esposto nella sala del Consiglio di Sicurezza delle Nazioni Unite, a New York. Un'icona di pace, un continuo monito contro gli orrori della guerra, nel luogo simbolo che, dopo gli orrori della Seconda guerra mondiale, le Nazioni vollero per aiutarle a mantenere la pace tra loro.

PIETRO GRASSO
Presidente del Senato

The simultaneous presence, in the premises of the Senate of the Italian Republic, of an exhibition dedicated to the Cartoon inspired by *Guernica*, Picasso's masterpiece, and an exhibition paying tribute to the seventieth anniversary of our Constitution, is a fortunate coincidence that makes us think about war, a terribly relevant issue, and – at the same time – commit ourselves to rejecting it as Art. 11 of our Constitution requires.

All wars, at all times, only cause screams, anguish, pain and the desperation of those crushed by violence. Picasso, shocked by the bombing of the Basque town of Guernica by the German Condor Legion, which took place on April 26, 1937, managed to express these emotions so well in the painting of the same name, that it became, thanks to its evocative force, a true *manifesto against the war*.
But that is not all. Picasso, by creating *Guernica*, developed a deep and personal civil outrage towards what was happening in the totalitarian Europe of that time, an outrage that turned into an increasingly mature and strong social commitment aimed at fighting against the barbaric violence of war through his art.

And above all, Picasso's intention behind *Guernica* was to make a heartfelt appeal to the world of Art, for it not to *ever turn its head away* before the inhumanity caused by all conflicts, for it to raise its voice and be able, through the compass of *culture* – respect for diversity, dialogue, open-mindedness –, to direct men towards peace, not as the mere absence of war, but as the highest value of human coexistence.

An appeal that today – perhaps even more than in the past – keeps its strength and its undeniable relevance. We need works that are able to shake our consciences, to be a beacon for us and for our children, to keep us on the right path, to make us bearers of Peace, which is an inestimable value.

We are honored and proud to host, for the first time in Italy, the Cartoon of *Guernica* that Picasso created as a model for the tapestry currently exhibited at the UN Security Council in New York. It is an icon of peace, a constant warning against the horrors of war, located in a symbolic place that all Nations felt the need to create in order to maintain peace after the devastation of World War II.

PIETRO GRASSO
President of the Senate

È un'emozione forte quella che coglie chi guarda l'opera *Guernica*, realizzata da Pablo Picasso in occasione dell'Esposizione universale del 1937 a Parigi.
La raffigurazione del bombardamento della città basca, per dimensioni e tratto, colpisce e riporta allo sguardo tutta la violenza e la crudeltà della guerra. Nel grido disperato della madre, che culla un figlio senza vita. Nelle figure a terra, dilaniate dalle bombe o che fuggono urlando. Immagini forti, che gridano il no alla guerra, in una dimensione che travalica i tempi e tanto più "sentite" in una terra che ha vissuto, durante la Seconda guerra mondiale, le stragi più efferate come quelle di Monte Sole, Marzabotto, Monchio, e tutte le altre che hanno segnato questo territorio e il Paese intero.

Le strisce ritrovate e realizzate con la supervisione del Maestro spagnolo per l'arazzo del quadro, ora presente all'ONU, ci restituiscono la forza del dipinto e nello stesso modo diventano quindi un monito contro la guerra e un simbolo di pace.

In un mondo che perde memoria, capacità di dialogo e di accoglienza, è la cultura nel suo senso più ampio, con le sue lettere, i suoi manufatti senza tempo, le sue immagini, le sue voci, i suoni e la capacità critica sulle cose del mondo, che può portare avanti i valori e le idee fondanti del vivere civile.

Con questa idea di fondo la Regione Emilia-Romagna, in questi anni anche difficili dal punto di vista economico, ha scelto di puntare decisamente sulla cultura, facendo crescere il proprio impegno, anche economico – più che raddoppiato complessivamente da inizio legislatura –, con la coscienza del fatto che la cultura è fondamentale per affrontare sfide come l'integrazione, la diffusione di una cultura di pace e per creare lavoro.

Accogliamo quindi con piacere in Emilia-Romagna i pannelli di un capolavoro assoluto dei nostri tempi, espressione del pensiero di Picasso, che esorta, attraverso l'arte, alla democrazia, alla pace e alla libertà.

Sono ideali importanti, senza tempo. Sono i nostri ideali.

STEFANO BONACCINI
Presidente della Regione Emilia-Romagna

It is really moving to look at *Guernica*, the painting realized by Pablo Picasso on the occasion of the Universal Exposition of 1937 in Paris.

Because of its size and style, the representation of the bombardment of the Basque town is very touching and remembers the violence and the cruelty of the war: in the desperate yell of the mother who cradles her dead child, in the figures laying on the ground, torn apart by the bombs or running away, screaming.

Strong images that scream loudly their *NO!* to the war, in a dimension passing over times and much more *felt* in a region that has seen, during World War II, the most heinous massacres as the ones of Monte Sole, Marzabotto, Monchio and all of the others that marked this territory and the whole Country.

The stripes founded and realized, under the supervision of the Spanish Master, for the tapestry of the painting, currently exhibited at the UN, are representing the strength of the work and, in the same way, become a warning against war and a symbol of peace.

In a world that is losing its memory, dialogue ability and hospitality, it is culture, in its wider meaning, with its letters, its timeless artefacts, its images, its voices, sounds and critical ability about the things of the world, that can continue the founding values and ideas of the civilized living.

Under this perspective, in these economically troubled years, the Emilia-Romagna Region chose to strongly invest in culture – increasing its own dedication, also in an economic way, more than doubling the resources since the start of the regional legislature – with the consciousness that culture is fundamental to facing challenges as integration, the diffusion of a culture of peace and the creation of new job roles.

Let's then receive, with great pleasure, in Emilia-Romagna the Cartoon of an absolute masterpiece of our times, expression of Picasso's thought, which, through art, encourages democracy, peace and freedom. These are important ideals, timeless. These are our ideals!

STEFANO BONACCINI
President of the Emilia-Romagna Region

Se qualcuno dovesse chiedermi dove termina il mio impegno nell'arte e dove comincia quello filantropico, non so cosa rispondere perché la domanda mi lascia disorientato.

Nel mio operato non esiste una linea di confine tra questi due aspetti: per averne conferma penso ai grandi filantropi e collezionisti come le famiglie Rockefeller, Guggenheim, Agnelli, fino al mio amico Marino Golinelli, solo per fare alcuni esempi, tra le più note personalità che, provenendo dal settore imprenditoriale, sono state operative in entrambi gli ambiti. Dico *operative* perché molte persone si dicono sensibili all'Arte, ma non sono moltissimi coloro che attivamente si impegnano a sostenere progetti di ampio respiro, rendendo reali i loro sogni e ideali.

L'arte mi ha permesso di imparare a promuovere iniziative, che si sono rivelate utili nell'attività filantropica, così come la filantropia mi ha insegnato ad apprezzare e a vivere valori che l'arte incarna in maniera immortale.

L'arte del Novecento mi appassiona da ormai cinquant'anni e mi ha reso probabilmente più attento e sensibile al pensiero dell'uomo, oltre che alle sue esigenze materiali e spirituali: in questo processo è stato fondamentale il rapporto con gli artisti, verso i quali ho sempre amato avvicinarmi con amicizia. Molti di loro sono stati interlocutori assai interessanti, che ho incoraggiato con profonda gioia e con grande rispetto intellettuale affinché potessero proporre il loro lavoro, sostenendo la loro ricerca artistica, anche fattivamente, con la commissione diretta di opere o organizzando esposizioni con le loro creazioni.

Allorquando la vita mi ha portato in Africa, ma anche in luoghi più vicini, di fronte a vicende difficili come quelle legate a giovanissimi orfani, ai malati, ai disabili e alla solitudine è stato naturale agire come sempre ho fatto nella vita: dare fiducia, sostenere nuove idee, coinvolgere altri nella condivisione dei sogni indicando una strada per realizzarli.

Il museo privato MAGI '900, che ho fondato nel 2000, è funzionale a questo: permette di evidenziare le iniziative che ritengo portatrici di messaggi importanti e, nel contempo, favorisce un'interazione con tutti coloro che abbiano un obiettivo importante, solidale e sensibile, da conseguire al fine di favorire la crescita e la diffusione di un modo *umano* di cogliere le diversità del mondo e del nostro essere.

In Kenya ho finanziato un ospedale e un orfanotrofio, ma anche una collezione di sculture e una Biennale d'arte, perché l'arte è una fondamentale cura per lo spirito; nel mio Paese amo far interagire attività museali e impegno in vari settori del sociale, ma più di tutto mi preme promuovere la cultura della pace, come mostra una delle opere che ho più care, *L'Uomo della Pace*, collocata di fronte al museo.

Credo nella potenza delle immagini, e se esiste un'immagine capace di evocare universalmente il valore della pace quella è certamente *Guernica*: una rappresentazione di denuncia e di speranza che Picasso ha elaborato in maniera inimitabile e che Nelson Rockefeller ha voluto divulgare ulteriormente commissionandone l'arazzo.

Sono realmente emozionato e onorato di poter offrire il mio piccolo contributo alla conoscenza e alla diffusione di una storia così bella e singolare, legata a una comunanza di ideali e di amicizia come quella di *Guernica* e del suo Cartone, una storia che in qualche modo mi descrive. E che, a ben guardare, descrive ciascuno di noi.

GIULIO BARGELLINI
Fondatore del Museo MAGI '900

If asked where my commitment in art ends and where my commitment in philanthropy begins, I find myself unable to answer; it is a question that never ceases to confuse me.

I do not see, in fact, a clear difference between these two sides of my work, and I think this was also true for some of the greatest philanthropists and collectors of all times, such as Rockefeller, Guggenheim, Agnelli, as well as my friend Marino Golinelli; these are just a few examples of major and well-known personalities of the business field who were also active in art collecting. It is important, to me, to use the word "active" because many people consider themselves sensitive about art, but not as many end up actively supporting their own ideals and committing to long-term projects.

While operating in the field of art, I have learned how to promote initiatives that served as a model for philanthropic activities, and from philanthropy I have learned that there are values embodied by art in an immortal way.

The art of the 20th century, which I have loved for over fifty years, has made me more attentive and curious towards men, their mindset, their material and spiritual needs, and throughout this process my relationship with artists has been crucial; I have always loved to approach them in a friendly manner, many of them have been interesting interlocutors and I have encouraged them to promote their research. I have often funded their exhibitions and commissioned works.

So when I arrived in Africa, or in closer context, and I had to face issues such as those of orphans, sick people, disabled people,

I put into practice what I had already experienced: giving trust, supporting new ideas, involving others to share not-so-abstract dreams, showing them the way to achieve them. The private museum I founded in 2000 was and still is extremely useful in this sense, since it gives me the chance to focus on those initiatives that I believe convey important messages, to open myself to all those who have an important goal to reach for solidarity, awareness raising, a new perspective.

Therefore, just like in Kenya I funded a hospital and an orphanage, but also a collection of sculptures and an art Biennial, I love being active in my country by engaging in museum activities and different social matters, such as the promotion of a culture of peace; this is clearly shown by one of the works I love the most, called *The Man of Peace* and located in front of my museum.

I believe in the power of images, and *Guernica* is an image capable of conveying the value of peace beyond time and space; it is a symbol of exposure and hope skilfully developed by Picasso, that Rockefeller wanted to further expand by commissioning the relevant tapestry.

It is therefore an honor, for me, to do my part in sharing the knowledge on a very beautiful story linked to this image, which in some way represents me and all of us.

GIULIO BARGELLINI
Founder of the Museo MAGI '900

SOMMARIO / CONTENTS

14 Niente di nuovo sul fronte
15 All Quiet on the Front
MARIO VIRGILIO MONTAÑEZ ARROYO

24 L'arazzo da *Guernica* di Picasso. L'immagine tessuta
25 The Tapestry after Picasso's *Guernica*. The Woven Image
CYNTHIA BRONSON ALTMAN

38 Gernika, dalla storia basca a simbolo universale
39 Gernika, from Basque History to Universal Symbol
JACQUES BATTESTI

50 2017 *Guernica*, icona di pace
51 2017 *Guernica*, Icon of Peace
SERENA BACCAGLINI

68 Guernica. "La poesia non ritmerà più l'azione: sarà davanti…"
69 Guernica. "Poetry will no longer give rhythm to action: it will stand ahead…"
MARIA GLORIA GRIFONI

74 Alla ricerca di speranza
75 In Search of Hope
VITTORIO CIGOLI

86 Guernica: dalla guerra totale al disarmo
87 Guernica: From Total War to Disarmament
FABRIZIO BATTISTELLI

NIENTE DI NUOVO SUL FRONTE

MARIO VIRGILIO MONTAÑEZ ARROYO
Direttore promozione culturale, Fondazione Picasso, Malaga

Congelato il dramma nel fragile rettangolo, *Guernica* rimane come una sfinge che ci interroga, che ci presenta il suo enigma visivo aperto, trasformato in un'icona suscettibile di molteplici interpretazioni. Il suo valore è lo stesso del fenomeno che si trova alla sua origine: la violenza, la guerra, la morte. Il suo carico emotivo, convogliato attraverso le immagini di donne che urlano, uccelli che fuggono, cavalli feriti, bambini morti, fiamme che divampano, rappresenta un elemento presente in ogni cultura, in ogni epoca. Picasso, in alcune dichiarazioni raccolte da Anthony Blunt, riconosce la propria disponibilità a radunare tutte le influenze necessarie: "Dobbiamo scegliere ciò che è buono per noi ovunque si trovi, tranne che nelle nostre stesse opere. Mi fa orrore l'idea di copiare me stesso. Ma quando mi consegnano una cartella di vecchi disegni, ad esempio, non sento alcun rimorso nel fare di essi ciò che voglio"[1]. Ancora, Rudolf Arnheim sottolinea la ben nota condizione di Picasso come vero e proprio museo vivente, portatore di una memoria visiva in cui convivono elementi assai diversi: "C'era, inoltre, un deposito di immagini di ogni tipo accumulate nell'arco di cinquantasei anni, riunite a partire dall'osservazione della realtà quotidiana, provenienti da sogni e fantasie, da letture e quadri"[2].

Prendiamo ora in considerazione, sotto il mito di Picasso e tralasciando Goya e Callot, già considerati all'interno di questo volume e con maggior perizia da Rosario Sarmiento, alcune delle rappresentazioni delle vittime di violenza (è interessante ricordare, insieme a *Guernica*, il suo equivalente riferito alla Seconda Guerra Mondiale, l'altra tela di Picasso nei toni del bianco, grigio e nero: *L'Ossario*, 1945, Parigi, Musée Picasso), per confermare che, nonostante il susseguirsi di guerre e disgrazie, il dolore è lo stesso sotto molteplici configurazioni, che tra spade e pallottole, bombardamenti e grida di combattimento, ci fa capire, portandoci al titolo del classico di Erich Maria Remarque, che attraverso i secoli non c'è niente di nuovo sul fronte.

Già nei bassorilievi assiri le vittime appaiono, come sarebbe diventato normale in tutta la storia dell'arte, nella parte inferiore delle composizioni, cadute ai piedi dei propri esecutori. Questa composizione universale avrà un valore religioso, che sia nelle cruente rappresentazioni della dea indù Kali che sconfigge i suoi nemici, in quelle della Vergine Maria

ALL QUIET ON THE FRONT

MARIO VIRGILIO MONTAÑEZ ARROYO

Diretctor for cultural promotion, Picasso Foundation, Malaga

After freezing the tragedy in its fragile rectangle, *Guernica* stands as a sphinx that questions us and presents us with its open visual enigma, turned into an icon susceptible of multiple interpretations. It shares its value with the phenomenon found at its origin: violence, war, death. Its emotional charge, conveyed through the images of screaming women, fleeing birds, wounded horses, dead children, flaring flames, represents an element that appears in all cultures, in all ages. Picasso, in some statements collected by Anthony Blunt, admits he is willing to gather all the necessary influences: "We must choose what is good for us wherever we may find it, except in our own works. The idea of copying myself horrifies me. But when someone hands me a folder of old drawings, for example, I feel no remorse in doing what I want with them."[1] Again, Rudolf Arnheim underlines how Picasso was a well-known living museum, the bearer of a visual memory involving very different elements: "There also was a depository of images of all kinds, accumulated over fifty-six years, gathered thanks to the observation of everyday reality, to dreams and fantasies, to books and paintings."[2]

Let us now consider, under the myth of Picasso and without mentioning Goya and Callot, mentioned with greater expertise in this same volume by Rosario Sarmiento, some of the representations of the victims of violence (it is interesting to remember, together with *Guernica*, its World War II equivalent, Picasso's other canvas in black, white and grey, *Ossuary*, 1945, Paris, Musée Picasso), to confirm that, despite the succession of wars and disasters, pain remains the same under multiple configurations, and that it helps us understand – through swords and bullets, bombings and screams – that as in the classic title by Erich Maria Remarque, over the centuries it is all quiet on the front.

Assyrian bas-reliefs depict victims, as it would become normal throughout the history of art, in the lower part of compositions, fallen at the feet of their executioners. This universal composition will then gain a religious value, be it in the bloody representations of the Hindu goddess Kali defeating her enemies, in those of the Virgin Mary stepping on evil represented by a snake or in those of the souls in Purgatory that, in the lower part of the compositions,

che calpesta il male rappresentato da un serpente o in quelle delle anime del Purgatorio che, nella parte inferiore delle rappresentazioni, patiscono sofferenze indicibili mentre nella parte superiore viene offerto loro il Paradiso. E appunto, questa composizione dicotomica di bene/male, vincitori/sconfitti, cielo/inferno, immortalità/mortalità sarà applicata a *Guernica* attraverso El Greco. In *Sepoltura del conte di Orgaz* (1586-1588) il conte e i dolenti sono raggruppati nella metà inferiore della composizione, mentre nella parte superiore si ritrovano, in un turbinio di gloria, la Santissima Trinità e una coorte di santi. Picasso, in *Evocazione. La sepoltura di Casagemas*, in una versione spregiudicata ed emozionante, applica lo stesso schema dell'opera di El Greco: nella parte inferiore giace il defunto, mentre il quella superiore ascende al cielo, dove lo attende un gruppo di donne nude. In *Guernica*, la zona inferiore appare occupata dal guerriero mutilato, in quella superiore la parte centrale è occupata da una lampada-occhio (con la sua inevitabile interpretazione religiosa), mentre intercedono, tra la luce e il caduto, un uccello e una madre col suo bambino in braccio (che potremmo audacemente assimilare all'angelo quasi femminile che El Greco tiene tra le braccia, l'anima del conte nella forma di un bambino). Sono scene che hanno in comune l'apparizione di una luce soprannaturale che illumina i martiri nel dipinto controriformista, ma prima, unendo l'uccello (che rappresenta lo Spirito Santo) e la luce, nella tavola della *Adorazione dell'agnello* (1432, Gand, Chiesa di San Bavone) di Jan van Eyck.

1. *Diluvio universale*, illustrazione dal *Beato de Saint-Sever*, XI secolo / *The Great Flood*, illustration from the *Saint-Sever Beatus*, 11th century

Tornando ad altre culture troviamo lo stesso schema compositivo, nel quale non esiste compassione per gli sconfitti, nella tavoletta egizia di Narmer (3500 a.C. circa), nella stele accadica di Naram-Sin, risalente al XXIII secolo a.C., nei bassorilievi egizi che descrivono le campagne belliche, proprio come a Roma la Colonna Traiana o, in una manifestazione di grande virtuosismo, il sarcofago di Portonaccio (II secolo) e il sarcofago Grande Ludovisi (III secolo). A Roma, sebbene si tratti di una copia dell'originale ellenistico perduto, dobbiamo la prima rappresentazione di uno sconfitto trattato con con contenuta emozione: il marmo *Galata morente*, più noto come *Gallo morente* (copia di un'opera ellenistica risalente al III secolo a.C., Roma, Musei Capitolini). Passando a un ambito molto diverso, troviamo anche le affascinanti pitture murali maya di Bonampak, in Messico, dipinte nell'anno 790, in cui – tra le altre scene – vengono mostrati cruenti combattimenti.

E in Occidente, gli impulsi millenaristi conducono a manifestazioni sorprendenti, come le illustrazioni per opere del calibro del *Beato de Saint-Sever*, dell'XI secolo, in cui una vittima del *Diluvio universale* mostra un profilo che, spesso, è stato accostato a quello del soldato caduto di *Guernica* (Ill. 1) e che condivide uno spazio irreale con altri personaggi e con animali abbattuti. Tuttavia, nel Medioevo, epoca

2. Anonimo, *Trionfo della morte*, affresco, Palermo, Palazzo Abatellis, c. 1446 / Anonymous, *Triumph of Death*, fresco, Palermo, Palazzo Abatellis, c. 1446

ricca di miniature di carattere bellico, sono le rappresentazioni del Trionfo della Morte quelle che riuniscono, in un'apoteosi del male, non solo le vittime dell'inevitabile Peste Nera del XIV secolo, ma anche di crimini e guerre. In una delle più misteriose rappresentazioni, l'affresco del *Trionfo della Morte*, di autore sconosciuto, dipinto nel 1446 presso palazzo Abatellis a Palermo, la morte irrompe in groppa a un cavallo in decomposizione, i cui angoscianti tratti sono stati spesso paragonati a quelli del doloroso cavallo del *Guernica* picassiano (Ill. 2).

Nel suo disegno a china su carta intitolato *Campo di battaglia* (1521, Basilea, Kunstmuseum Basel, Kupferstichkabinett, Amerbach-Kabinet), Urs Graf, anticipando di più di un secolo l'intenzionalità e l'estetica di Jacques Callot, realizza un compendio dei mali della guerra rappresentando lo scenario dopo la battaglia di Marignano, vittoria franco-veneziana del 1515 su una coalizione svizzero-milanese. In primo piano, sul campo di battaglia, sono esposti caoticamente i corpi dei soldati sconfitti della confederazione, circondati da picche, daghe e spade, con un corpo che giace abbracciato al suo cavallo (come Picasso mostra nella prima scena – la terza, seguendo l'ordine previsto dall'artista – della seconda lamina de *Il sogno e la menzogna di Franco*, che a sua volta potrebbe avere un precedente nella scena del cavaliere caduto della famosa *Tomba di Alessandro*, IV secolo a.C., conservata nel Museo Archeologico di Istanbul). Intorno, civili impiccati e un soldato che beve voltando le spalle all'orrore, mentre gli eserciti ancora attaccano (Ill. 3). Contemporanee a questi secoli di espansione coloniale sono le illustrazioni che narrano della conquista dell'America e che ne mostrano le atrocità senza risparmiare dettagli, come quelle descritte con ingenuità da Felipe Guamán Poma de Ayala nel suo manoscritto *Nueva corónica y buen gobierno* (1615, Copenhagen, Biblioteca Reale di Danimarca) o, con un'ampia diffusione, da Theodor de Bry, di cui tra il 1590 e il 1634 vennero pubblicati a Francoforte i libri sui viaggi, tra cui quelli dedicati all'America spagnola, che divennero archivio visivo della Leggenda Nera, mentre quelli dedicati all'America anglosassone si trasformarono nella base di un'autentica Leggenda Bianca.

Con un'ambivalenza politica che molto deve all'affatto innocente Bry, e con un chiaro intento moralizzatore, per verificare l'atto di concordia rappresentato nella parte superiore del dipinto, l'irlandese Daniel Maclise raffigura ne *Il matrimonio di Storngbow e Aoife* (1854 circa, Dublino, National Gallery of Ireland, olio su tela) un momento della storia medievale dell'Irlanda che avrebbe portato a nuove guerre e che ritrae, come avrebbe poi fatto il più celebre Delacroix sia ne *Il massacro di Scio* che ne *La Libertà che guida il popolo*, un gruppo di vittime, quindi di sconfitti, ai piedi dei vincitori normanni che cercano di ottenere legittimità attraverso il matrimonio con l'irlandese Aoife. Il fatto che questa grande tela, da 315 x 513 cm, fosse

3. Urs Graf, *Campo di battaglia (La battaglia di Marignano)*, Basilea, Kunstmuseum Basel, Kupferstichkabinett, 1521 / Urs Graf, *Battlefield (The Battle of Marignano)*, Basel, Kunstmuseum Basel, Kupferstichkabinett, 1521

suffer indescribable pain while in the upper part they are offered Paradise. And indeed, this dichotomous composition of good/evil, winners/losers, heaven/hell, immortality/mortality will also be applied to *Guernica* through El Greco. In *The Burial of the Count of Orgaz* (1586-1588) the count and the crying ones are gathered in the lower part of the composition, while in the upper part there are the Holy Trinity and a cohort of saints. Picasso's *Evocation. The Burial of Casagemas*, in a ruthless and emotional version, applies the same scheme of El Greco's painting: the deceased lies in the lower part, while – in the upper one – he ascends to heaven, where a group of naked women awaits him. In *Guernica*, the lower area is taken up by the mutilated warrior, while in the central part of the upper one we find a lamp-eye (with its inevitable religious interpretation), while, between the light and the fallen, a bird and a mother holding her child (that we could compare with the almost feminine angel held by El Greco, the soul of the count in the form of a child) intercede. These two scenes share a supernatural light illuminating the martyrs in the Counter-Reformation painting, but first, joining the bird (representing the Holy Spirit) and the light, in the panel of the *Adoration of the Mystic Lamb* (1432, Ghent, St Bavo's Cathedral) by Jan van Eyck.

Moving back to different cultures we can find the same compositional pattern, devoid of any compassion for the defeated, in the Egyptian Narmer palette (around 3500 BC), in the Akkadian Stele of Naram-Sin, dating back to the 23rd century BC, in the Egyptian bas-reliefs depicting the war campaigns, just like the Trajan's Column in Rome or, in a display of great virtuosity, in the Portonaccio sarcophagus (2nd century) and in the Ludovisi Battle sarcophagus (3rd century). To Rome we owe, despite it being a copy of the lost Hellenistic original, the first representation of a defeated man treated with contained emotion: the *Dying Galatian*, more commonly known as the *Dying Gladiator* (copy of an Hellenistic marble statue dating back to the 3rd century BC, Rome, Capitoline Museums). Turning to a very different area, we also find the fascinating Mayan murals of Bonampak, in Mexico, painted in 790, that show – among other things – fierce battles. And in the West, the millenarian drive leads to surprising expressions, such as the illustrations for works like the *Saint-Sever Beatus*, 11th century, where a victim of the Great Flood shows a profile that has often been compared to the one of *Guernica*'s fallen soldier (Ill. 1) and that shares an unreal space with slaughtered human beings and animals. However, in the Middle Ages, an era where countless miniatures of warlike nature were produced, it is the representations of the Triumph of Death those that bring together, in an apotheosis of evil, not only the victims of the inevitable 14th century Black Death, but also those of crimes and wars. In one of the most enigmatic representations, the fresco *Triumph of Death*, author unknown, painted in 1446 at Palazzo Abatellis in Palermo, death enters the scene riding a rotting horse, whose terrible features remind those of the horse in Picasso's *Guernica* (Ill. 2).

In his ink drawing on paper called *Battlefield* (1521, Basel, Kunstmuseum Basel, Kupferstichkabinett, Amerbach-Kabinet), Urs Graf, anticipating by more than a century Jacques Callot's intent and aesthetic, creates a compendium of evils depicting the scene after the battle of Marignano, a French-Venetian victory of 1515 over a Swiss-Milanese coalition. In the foreground, on the battlefield, the bodies of the defeated confederated soldiers are exposed chaotically, surrounded by spades, daggers and swords, with a body lying with his horse (just like Picasso shows in the first scene – the third one, following the order expected by the artist – of the second sheet of *The Dream and Lie of Franco*, which could in

stata concepita per decorare il palazzo di Westminster a Londra conferisce all'opera una lettura che pone i caduti della parte inferiore della composizione di fronte a un dilemma, a un antagonismo che li avrebbe trasformati, secondo l'ottica soggettiva dello spettatore vittoriano, in vittime di guerra o parte di un bottino di guerra, sconfitti che non meritano compassione ma gioia per la loro morte come elemento imprescindibile per la vittoria. Tale ambivalenza nello sguardo si rafforza nelle scene militari dipinte da Antoine-Jean Gros ispirandosi alle guerre napoleoniche, come quelle dedicate alla battaglia del Nilo, a quella delle Piramidi o a quella di Eylau, effusioni storiciste volte a esaltare Napoleone, grande eroe del Romanticismo e primo mito politico moderno (Ill. 4). La tensione della battaglia, con le sue possibilità epiche e sentimentali, verrà sfruttata anche in composizioni mitologiche e storiciste, in una corrente che parte dal neoclassicismo con le donne e i bambini a terra che implorano misericordia de *Le Sabine* di Jacques-Louis David (1799, Parigi, Musée du Louvre), per raggiungere alti livelli di manierismo impostato sulle vittime, tra cui cavalli, uomini e donne, nel grande murale *La Battaglia delle Amazzoni* di Anselm Feuerbach (1873, Norimberga, Nürnberger Opernhaus).

4. Daniel Maclise, *Il matrimonio di Strongbow and Aoife*, c. 1854, Dublino, National Gallery of Ireland / Daniel Maclise, *The Marriage of Strongbow and Aoife*, c. 1854, Dublin, National Gallery of Ireland

L'intenzione politica della rappresentazione artistica delle vittime viene mantenuta e addirittura accentuata nel XX secolo, con esempi importanti come i murali di Diego Rivera, specialmente il poco noto *Gloriosa Victoria* (1954, Mosca, Museo Puškin), in cui le vittime straziate non sono solo adulti ma anche bambini situati in primo piano, le diverse manifestazioni del Realismo Socialista, come la monumentale e drammatica tela di Isaak Brodsky *Fucilazione dei 26 commissari di Bakú* (1925, Mosca, Museo Centrale delle Forze Armate), le denunce della guerra nell'arte espressionista, tra cui l'apocalittico *Trittico della guerra* di Otto Dix (1929, Dresda, Galerie Neue Meister, Staatliche Kunstsammlungen), la cartella di acqueforti *La guerra* (1924), le xilografie di Masereel e i disegni di Georg Grosz, realizzati durante la Prima Guerra Mondiale, incentrati sui civili e i soldati morti, o anche, con radici espressioniste, diverse opere di Felix Nussbaum, vittima dell'Olocausto: il disegno *Il grande disastro* (1939) e i dipinti *La tormenta* (1941), *I condannati* (1943) e *Scheletri* (1944), o i macabri diari di Zoran Mušič risalenti all'epoca della sua prigionia nel campo di concentramento di Dachau. La stessa componente apocalittica è presente nell'olio *La guerra*, di Henri Rousseau (1894, Parigi, Musée d'Orsay). Un elevato grado di intensità si trova anche nei disegni di Henry Moore, che guardano alla guerra da una prospettiva diversa, ritraendo i rifugiati

5. *Guernica e la Corazzata Potemkin*, Bollettino del Museo del Prado, t. 9, 1989, pp. 110-117 / *El Guernica y el Acorazado Potemkin*, Boletín del Museo del Prado, t. 9, 1989, pp. 110–117

turn have a precedent in the scene of the fallen soldier of the famous *Alexander Sarcophagus*, 4th century BC, at the Istanbul Archaeology Museum). Around them, hanged civilians and a soldier who drinks while turning his back to the horror, while the armies still fight (Ill. 3). During these centuries of colonial expansion we find illustrations showing the conquest of America and its atrocities in detail, such as the naive ones by Felipe Guamán Poma de Ayala in his manuscript *Nueva corónica y buen gobierno* (1615, Copenhagen, Danish Royal Library) or those by Theodor de Bry, whose travel diaries were published in Frankfurt between 1590 and 1634, including those dedicated to Spanish America, which would become the visual archive of the Black Legend, while those dedicated to Anglo-Saxon America became the origin of a true White Legend.

With a political ambivalence that owes much to the hardly innocent Bry, and with a clear moralizing aim, to verify the act of concord shown in the upper part of the painting, the Irishman Daniel Maclise portrays in his *The Marriage of Strongbow and Aoife* (around 1854, Dublin, National Gallery of Ireland, oil on canvas) a moment in the medieval history of Ireland that would lead to new wars and that depicts, as the more famous Delacroix would then do in his *The Massacre at Chios* and in *Liberty Leading the People*, a group of victims at the feet of the Norman winners who try to gain legitimacy through the marriage with the Irish Aoife. The fact that this large canvas, 315 x 513 cm, was conceived to decorate Westminster Palace in London gives the work an interpretation that places the fallen ones located in the lower part of the composition before a dilemma, an antagonism that would turn them, according to the subjective view of the Victorian spectator, in victims of war or part of the spoils of war, defeated people who do not deserve compassion but joy for their death as an essential element for victory. Such ambivalent look gets stronger in the military scenes painted by Antoine-Jean Gros and inspired by the Napoleonic wars, like those dedicated to the Battle of the Nile, the Battle of the Pyramids or the Battle of Eylau, historicist effusions aimed at glorifying Napoleon as the great hero of Romanticism and the first modern political myth (Ill. 4).

The tension of the battle, with its epic and emotional possibilities, will also be used in mythological and historicist composition in a movement that begins with Jacques-Louis David's Neoclassic women and children begging for mercy in *The Intervention of the Sabine Women* (1799, Paris, Musée du Louvre), and culminates with high levels of mannerism focused on the victims, including horses, men and women in the great mural *Battle of the Amazons* by Anselm Feuerbach (1873, Nuremberg, Nürnberger Opernhaus).

The political intention of the artistic representation of victims is maintained and even accentuated during the 20th century, with major examples such as Diego Rivera's murals, especially the little-known *Gloriosa Victoria*

nella metro di Londra durante la Seconda Guerra Mondiale, conflitto di cui forse sarà il nordamericano Tom Lea – con i suoi appunti e i suoi dipinti per la rivista "Life" tra il 1941 e il 1945 – a mostrare i disastri con maggior durezza.

Infine, per concludere queste note sull'iconografia delle vittime, ci soffermeremo sull'ambito cinematografico che ispirò Picasso durante la creazione di *Guernica*. Teresa Posada Kubissa, in un breve ma interessante articolo intitolato *Picasso e il cinema: Guernica e la Corazzata Potemkin*[3], sottolinea una serie di affinità tra il capolavoro di Picasso e quello di Eisenstein, ricordando che la linea iconografica che unisce le due opere non è altro che la mattanza degli innocenti. In particolare, basandosi sulla suggestiva interpretazione iconografica di Posada Kubissa e aggiungendone di proprie, la tela di Picasso e il film sovietico condividono la figura esanime del marinaio Vakulinchuk, oggetto di emozionata misericordia da parte dei suoi compagni, i molti caduti sulla scalinata di Odessa, le loro mani aperte e calpestate, la madre con il bambino ferito in braccio, i primi piani della madre del bambino nella carrozzina mentre viene ferita e che, iconograficamente, sono legati agli intagli spagnoli di Maria Addolorata, che Picasso conobbe durante l'infanzia nella sua casa natale e che lì sono conservati ed esposti (Ill. 5).

---

[1] A. Blunt, *Picasso's Guernica*, Oxford University Press, New York-Toronto 1969, p. 5.
[2] R. Arnheim, *El Guernica de Picasso. Génesis de una pintura*, Gustavo Gili, Barcellona 1976, p. 29.
[3] T. Posada Kubissa, *Picasso y el cine: El Guernica y el Acorazado Potemkin*, in "Boletín del Museo del Prado", tomo 9, 1989, pp. 110-117.

(1954, Moscow, Pushkin Museum), where the victims in the foreground are both adults and children, the different examples of Socialist Realism, such as the Isaak Brodsky's monumental and dramatic canvas *Execution of the 26 Baku Commissars* (1925, Moscow, Central Armed Forces Museum), the reports on war in Expressionism, including the apocalyptic triptych by Otto Dix *The War* (1929, Dresden, Galerie Neue Meister, Staatliche Kunstsammlungen), his etchings *On War (1924)*, Masereel's woodcuts and Georg Grosz's drawings created during World War I and focusing on dead civilians and soldiers, or even, with their Expressionist origins, many works by Felix Nussbaum, who was a victim of the Holocaust: his drawing *The Great Disaster* (1939) and his paintings *The Blizzard* (1941), *The Condemned* (1943) and *Skeletons* (1944), or Zoran Mušič's macabre diaries dating back to his imprisonment in the concentration camp of Dachau. The same apocalyptic element appears in Henri Rousseau's oil *War* (1894, Paris, Musée d'Orsay). A high degree of intensity is also found in the drawings by Henry Moore, that look at war from a different perspective, portraying the refugees in the London Underground during World War II, a conflict whose disasters will be depicted with great harshness by Tom Lea –with his notes and his paintings for *Life* magazine between 1941 and 1945.

Finally, to conclude these notes on the iconography of victims, we will focus on the cinematic context that inspired Picasso during the creation of *Guernica*. Teresa Posada Kubissa, in a short but interesting article called "Picasso and Cinema: Guernica and Battleship Potemkin"[3], highlights a number of similarities between Picasso's and Eisenstein's masterpieces, mentioning that the iconographic line connecting the two works is the slaughter of the innocent. Specifically, starting from Posada Kubissa's evocative interpretation and adding further ones, Picasso's canvas and the Soviet film share the lifeless figure of Vakulinchuk the sailor, lamented by his fellow comrades, the many killed on the Odessa stairs, their hands open and stepped upon, the mother holding her wounded child, the close-ups of the mother of the child in the carriage while being wounded, iconographically linked to the Spanish carvings of Mary Mother of Sorrow, discovered by Picasso during his childhood, exhibited at his birthplace (Ill. 5).

---

[1] A. Blunt, *Picasso's Guernica*, New York-Toronto, Oxford University Press, 1969, p. 5.
[2] R. Arnheim, *El Guernica de Picasso. Génesis de una pintura*, Barcelona, Gustavo Gili, 1976, p. 29.
[3] T. Posada Kubissa, "Picasso y el cine: El Guernica y el Acorazado Potemkin," in *Boletín del Museo del Prado*, tome 9, 1989, pp. 110-117.

L'ARAZZO DA *GUERNICA* DI PICASSO. L'IMMAGINE TESSUTA

CYNTHIA BRONSON ALTMAN
Curatore al Rockefeller Brothers Fund, New York

Con l'attuale imperversare della guerra in così tante parti del mondo, l'orribile paesaggio di *Guernica* ci è spaventosamente familiare. Presso il quartier generale delle Nazioni Unite di New York, appena fuori dal Consiglio di Sicurezza, è stato allestito l'*arazzo tratto da Guernica*. La sua collocazione è stata scelta accuratamente, poiché forma uno sfondo eloquentemente inquietante per i dignitari che riferiscono di fronte alla stampa gli esiti delle riunioni del Consiglio. Questo arazzo è stato commissionato da Nelson Rockefeller (1908-1979) nel 1955 e ceduto alle Nazioni Unite nel 1985 dalla sua vedova, Mrs. Rockefeller. Una targa recita: "In memoria di Nelson A. Rockefeller, della sua fiducia e del suo sostegno alle Nazioni Unite". L'arazzo è un costante richiamo alla missione di pace portata avanti dalle Nazioni Unite.

Le figure angosciose e contorte di *Guernica* sono incise nella nostra memoria collettiva come simbolo delle atrocità della guerra. Dipinto come grido di protesta contro il terribile bombardamento che colpì la cittadina basca, il quadro fu esposto inizialmente presso il Padiglione Spagnolo dell'Esposizione universale di Parigi del 1937. A testimonianza dell'entità della distruzione, il dipinto continuò a portare con sé il proprio messaggio antibellico viaggiando tra Europa, America del Sud e Stati Uniti, prima che le sue fragili condizioni lo costringessero a fermarsi presto il Museum of Modern Art di New York. La sua notevole influenza sul lavoro degli espressionisti astratti si riflette nei dipinti di artisti come Willem de Kooning, Jackson Pollock, Arshile Gorky e Barnett Newman. Le potenti forme in bianco e nero della serie di Robert Motherwell *Elegie per la Repubblica Spagnola* – la prima delle quali risale al 1948-1949 – dimostrano il costante impatto di questo conflitto e l'influenza di Picasso sugli artisti della metà del XX secolo[1].

Guernica, l'arazzo

René e Jacqueline de la Baume Dürrbach erano i tessitori di questo progetto; il loro studio si trovava a Cavalière, nel dipartimento del Varo, Francia meridionale. Dopo aver studiato il telaio a basso liccio a Parigi con un maestro di Aubusson, Jacqueline Dürrbach iniziò a tessere

THE TAPESTRY AFTER PICASSO'S *GUERNICA*. THE WOVEN IMAGE

CYNTHIA BRONSON ALTMAN

Curator at the Rockefeller Brothers Fund, New York

As war rages in so many parts of the world today, the horrific landscape of Picasso's *Guernica* is appallingly familiar. At the New York headquarters of the United Nations just outside the Security Council, the *tapestry after Guernica* has been installed. Its placement well chosen, as it forms an eloquently foreboding backdrop as various dignitaries report to the press proceedings of the meetings of the Council. This tapestry was commissioned by Nelson Rockefeller (1908-1979) in 1955, and lent to the United Nations in 1985 by his widow, Mrs. Nelson A. Rockefeller. A plaque there reads: "In memory of Nelson A. Rockefeller and of his faith in and support for the United Nations." The tapestry is a constant reminder of the peace-keeping mission of the UN.

The writhing anguished figures of Picasso's *Guernica* have been etched in our collective memory as symbols of the atrocities of war. Painted as a cry of protest against the horrific bombing of the Basque village, this painting was first exhibited at the Spanish Pavilion of Paris Universal Exposition of 1937. Serving to preserve the witness of the destruction, the painting carried its anti-war message traveling throughout Europe, South America and the United States, before its fragile condition finally brought it to rest at the Museum of Modern Art in New York. Its considerable influence on the work of Abstract Expressionists is reflected in paintings by New York School artists Willem de Kooning, Jackson Pollock, Arshile Gorky, and Barnett Newman. The powerful black and white forms of Robert Motherwell series, *The Elegy to the Spanish Republic* – the earliest of which date to 1948-49 – demonstrate the continuing impact of this conflict and Picasso's response on artists of the mid-20th century.[1]

Guernica, the tapestry

René and Jacqueline de la Baume Dürrbach were the weavers; their studio was in Cavaliere in the Var region in the south of France. Having studied low warp tapestry weaving in Paris with a master from Aubusson, Jacqueline Dürrbach began weaving tapestries based on paintings by Léger, Gleizes, Villon, Delaunay and Herbin, and works by René and herself. Picasso first saw her work in 1951 at

1. L'arazzo da *Guernica* di Pablo Picasso del 1937, tessuto nel 1955 da Jacqueline de la Baume Dürrbach / The tapestry after Pablo Picasso's *Guernica* of 1937, woven in 1955 by Jacqueline de la Baume Dürrbach

ispirandosi a quadri di Léger, Gleizes, Villon, Delaunay e Herbin, oltre che a lavori originali ideati da René e da lei stessa. Picasso vide le sue opere per la prima volta nel 1951, durante un'esposizione collettiva presso il Musée de l'Annonciade a Saint-Tropez, restando affascinato dal suo modo di tradurre con il telaio i ritmi e le armonie dei dipinti. Il suo primo arazzo ispirato a un'opera di Picasso fu tessuto nel 1954; René Dürrbach descrive l'accaduto in questo modo:

> La collaborazione ha inizio dopo due anni di riflessione su *Arlecchino*. Finito l'arazzo, lo portiamo a Picasso. Lui lo osserva, annuisce e dice: "Ho una cosa per voi". Ci dà una stampa proveniente dalla mostra italiana di quel dipinto, destinata alla creazione di un cartone ad esso ispirato. A giugno, il quadro viene esposto al Musée des Arts Décoratifs di Parigi, consentendoci di apportare alcune modifiche al Cartone con una sessione quotidiana di tre ore di lavoro prima dell'apertura del museo. L'ultima presentazione del Cartone (le cui dimensioni corrispondono esattamente alla tela) ha luogo ad Antibes. Picasso aveva fornito alcune indicazioni e dato la sua autorizzazione a iniziare l'arazzo. La tessitura si svolge nell'arco di sei mesi, presso lo Studio Dürrbach, Jacqueline e René lavorano all'opera per dodici ore al giorno.
> L'arazzo finito è presentato a Picasso, accompagnato da sua moglie Jacqueline e da altri amici spagnoli, presso il museo di Antibes nel novembre del 1955.
> Molto soddisfatto, Picasso firma il contratto per la creazione di altre tre copie. La tessitura viene realizzata con undici sfumature di colore, e presenta alcune variazioni sui bordi[2].

Nell'aprile del 1955 furono firmati accordi tra Picasso e i Dürrbachs e tra Nelson Rockefeller e Petronella van Doesburg, in qualità di agente per l'Atelier Dürrbach per la tessitura di un arazzo ispirato al celebre dipinto. Petronella van Doesburg, vedova del pittore neoplasticista Theo van Doesburg, fece da intermediario per le trattative.

Forse anticipando il futuro spostamento dell'iconico dipinto dal MoMA alla Spagna, Nelson Rockefeller volle assumersi la responsabilità di portare avanti l'importante messaggio di pace promosso attraverso il quadro.

Il mecenate

Nelson Rockefeller (1908-1979) fu governatore dello Stato di New York dal 1959 al 1973, e venne nominato vice presidente degli Stati Uniti durante l'amministrazione di Gerald Ford, dal 1947 al 1977. Lui e i suoi cinque fratelli crebbero circondati dall'arte – dipinti, arazzi medievali, sculture e porcellane cinesi – scoprendo ben presto il potere trasformativo dell'arte e l'importanza della bellezza. La filantropia della sua famiglia nel campo delle arti e della loro conservazione fu immensa. Suo padre, John D. Rockefeller, Jr., contribuì al restauro di Versailles, Reims e Chartres, danneggiate durante la Prima Guerra Mondiale. Si fece carico della costruzione dei Chiostri, il centro medievale del Metropolitan Museum of Art, e del restauro del centro coloniale di Williamsburg, Virginia; sua madre, Abby Aldrich Rockefeller, fu tra i fondatori del Museo di Arte Moderna di New York, oltre che collezionista d'arte popolare asiatica e americana. La famiglia partecipò, inoltre, alla creazione del Lincoln Center for the Performing Arts, dell'Asia Society e di molte altre fondazioni.

Il collezionismo di Nelson Rockefeller era enciclopedico, e comprende dipinti e sculture del XX secolo, arte asiatica, arte popolare messicana, opere provenienti dall'Africa, dalle Americhe e dall'Oceania[3]. Alfred Barr, direttore del MoMA, scrisse:

2. Madame Dürrbach al suo telaio / Mme Dürrbach at her loom

a group exhibition at the Musée de l'Annonciade in Saint Tropez, and expressed admiration for her translation of the rhythms and harmonies of the paintings. Her first tapestry after a painting by one Picasso was woven in 1954, and René Dürrbach describes the following events:

> The collaboration doesn't really begin until two years of reflection with *the Harlequins*. That tapestry finished, we take it to Picasso. He looks at it, assesses, and says, "I am going to prepare something for you." It was a poster provided by Picasso originating from the exhibit of that painting, in Italy, which was intended for the creation of a cartoon of the painting. In June the painting was exhibited at the Museum of Decorative Arts in Paris, which allowed us to introduce the necessary corrections to the Cartoon. Each morning, a work session of three hours before the opening of the museum made possible the necessary corrections to the Cartoon. The last presentation of the Cartoon (in the exact dimensions of the canvas) was made at Antibes. Picasso made some corrections and gave his consent to begin the tapestry. The weaving takes six months at the Dürrbach Studio, with Jacqueline and René working twelve hours each day.
> The finished tapestry was presented to Picasso, who is accompanied by his wife Jacqueline and by Spanish friends, at the Antibes Museum in November 1955.
> Thus satisfied, Picasso then signs the contract for the creation of three copies. The weaving is done in eleven shades of color, presenting some variations in the borders. [2]

In April 1955, agreements were signed between Picasso and the Dürrbachs, and between Nelson Rockefeller and Mme Petronella van Doesburg, as agent for Atleier Dürrbach, for the weaving of a tapestry after this iconic painting. Mme. Van Doesburg, widow of the De Stijl painter Theo van Doesburg, served as intermediary for the negotiations.
Perhaps anticipating the iconic painting's eventual departure from the Museum of Modern Art and return to Picasso's native Spain, Nelson Rockefeller undertook this commission to insure the continuation of message so crucial to the search for a lasting peace.

The Patron

Nelson Rockefeller (1908–1979) was Governor of New York State from 1959 to 1973 when he was appointed Vice President of the United States under President Gerald Ford from 1974 to 1977. He and his five siblings were brought up in a home surrounded by art – paintings, medieval tapestries, Chinese sculpture and ceramics – and learned early the transformative power of art and the importance of beauty to life. Family philanthropy in the arts and preservation has been far reaching. Their father, John

3. Le gallerie a Kykuit /
The galleries at Kykuit

Nelson ha bisogno dell'arte più di chiunque altro. Le opere d'arte gli regalano un piacere profondo, quasi terapeutico. Eppure, al di là di questa soddisfazione privata, c'è in lui un forte desiderio di condividere questi tesori con gli altri.[4]

Durante il suo incarico da governatore, Nelson Rockefeller si impegnò a diffondere il suo amore per l'arte novecentesca creando il primo consiglio di stato delle arti (il New York State Council on the Arts) che divenne il modello per il National Endowment for the Arts. L'abitazione del governatore ad Albany si trasformò in uno spazio espositivo per i suoi dipinti, le sue sculture e i suoi arazzi, ammirati da legislatori e visitatori. Undici arazzi ispirati alle opere di Picasso, compreso *Guernica*, vennero esposti nella villa di Albany e nelle gallerie all'interno delle sue case di Kykuit, Tarrytown e Seal Harbor, Maine. L'arazzo

4. Picasso davanti all'arazzo di *Guernica* ad Antibes, Novembre 1955 / Picasso viewing the tapestry after *Guernica* in Antibes, November 1955

D. Rockefeller, Jr., contributed to the restoration of Versailles, Rheims and Chartres, damaged during World War I. He undertook building the Cloisters, the medieval center of the Metropolitan Museum of Art, and restored the colonial center of Williamsburg, Virginia; their mother, Abby Aldrich Rockefeller, was one of the founders of New York's Museum of Modern Art, and was a collector of Asian art and American folk art. The family was also involved in the creation of Lincoln Center for the Performing Arts, The Asia Society and many other organizations. Nelson Rockefeller's collecting was encyclopedic, encompassing twentieth century painting and sculpture, Asian art, Mexican folk art, works from Africa, the Americas and Oceania.[3] Alfred Barr, director of MoMA wrote: "Nelson needs art more than any man I know. Works of art give him a deep almost therapeutic delight and refreshment. Yet beyond what private satisfaction, there lies a strong desire to share his treasures with others."[4]

While Governor, Nelson Rockefeller was committed to spreading his love of Twentieth century art and created the first state arts council (the New York State Council on the Arts) which became the model for the National Endowment for the Arts. The Governor's mansion in Albany became an exhibition space for his paintings, sculpture and tapestries, which were ambassadors for modern art, seen by the legislators and the visiting public. Eleven tapestries after Picasso's work, including the *Guernica* were displayed at the Albany mansion, as well as in galleries at his homes at Kykuit, in Tarrytown and in Seal Harbor, Maine. The tapestry after *Guernica* also was lent to exhibitions at universities and museums the United States and in four cities in Japan. Nelson Rockefeller greatly admired the genius of Picasso, and paintings, prints and sculpture were installed in his residences and offices. He wrote of his collecting in 1978:

> I was always most strongly drawn to the work of the great European pioneers of modern art, for example, Henri Matisse, Juan Gris, Pablo Picasso, Alexey Jawlensky and Wassily Kandinsky. Their strength in terms of composition and color was overwhelming.
> Of all of them, Picasso was always my favorite. His restless vitality and constant search for powerful new forms of expression, combined with his superb craftsmanship and sense of color and composition, have remained an unending source of joy and satisfaction to me.[5]

Between 1955 and 1973, Nelson Rockefeller commissioned eighteen tapestries after paintings by Picasso. He chose compositions that would work particularly well in tapestry – those with broad expanses of bold colors and flat planes rather than modulated areas. The process involved matching the colors of the painting color charts or wool samples sent by the weavers. Diagrams with commentary about quality of brushstroke, texture, transitions, would be accompanied by with a set of 8 x 10 color transparencies and sent to the Dürrbach's studio in Cavaliere. Picasso approved each project as well as the final tapestry, and signed photographs and list of authentication for each. Usually permission was given for editions of three, although not all three were always woven. The tapestry project allowed access to some favorite paintings that were not available, as they were in museums or private collections.

di *Guernica* fu anche prestato per essere esposto presso università e musei negli Stati Uniti e in quattro città del Giappone.

Nelson Rockefeller ammirava molto il genio di Picasso, ed espose nelle sue residenze e nei suoi uffici dipinti, stampe e sculture. Della sua collezione scrisse, nel 1978:

> Sono sempre stato fortemente attratto dal lavoro dei grandi pionieri europei dell'arte moderna, ad esempio Henri Matisse, Juan Gris, Pablo Picasso, Alexey Jawlensky e Wassily Kandinsky. Trovo la loro forza in termini di composizione e colore travolgente.
>
> Tra questi, Picasso è sempre stato il mio preferito. La sua intensa vitalità e la sua continua ricerca di nuove e potenti forme espressive, insieme alla sua superba astuzia e al suo senso del colore e della composizione, sono per me una fonte inesauribile di gioia e soddisfazione.[5]

Tra il 1955 e il 1973, Nelson Rockefeller commissionò la realizzazione di diciotto arazzi ispirati a dipinti di Picasso. Scelse composizioni particolarmente adatte alla tecnica – con ampie aree di colori vivaci e aree piane piuttosto che modulate. Parte del processo consisteva nel far corrispondere le carte dei colori con i campioni di lana inviati dai tessitori. Allo studio di Dürrbach, a Cavaliere, venivano inviati diagrammi completi di commenti relativi alla qualità della pennellata, alla consistenza, alle transizioni, accompagnati da una serie di fotocolor. Picasso approvava ogni progetto e l'arazzo finale, firmando fotografie e autenticazioni per ogni pezzo. Di norma, le autorizzazioni venivano date per tre edizioni, sebbene non sempre tutte e tre fossero tessute a telaio. Il progetto degli arazzi diede accesso ad alcuni quadri fondamentali non disponibili perché esposti in musei o collezioni private.

Il restauro del Cartone per l'arazzo tratto da Guernica apre un'affascinante finestra sul processo creativo degli arazzi, e rappresenta un importante contributo alla loro storia.

I primi due arazzi acquistati da Nelson Rockefeller erano tratti dalle più celebri opere di Picasso: *Guernica* e *Les Demoisellses d'Avignon*, il terzo da *Donna seduta sulla spiaggia*. Tre erano parte della Collezione del Museum of Modern Art, e tre erano tratti da dipinti di Picasso che erano stati in possesso dello stesso Nelson, e poi lasciati in eredità al Museum of Modern Art.

Nell'arazzo tratto da *Pesca notturna ad Antibes*, le tonalità vivaci creano un paesaggio – astratto ma con punti di riferimento riconoscibili – e una narrativa – in qualche modo umoristica ma con sottotesti minacciosi. Si tratta dell'arazzo più complesso e impegnativo a causa dei molti colori e della grande varietà di pennellate e modulazioni; Carol Uht, la curatrice di Nelson Rockefeller, preparò sedici diagrammi numerati. Scrisse a Mme. Van Doesburg, il 20 settembre 1966:

> Quest'opera ha pochissime are piatte monotono. Il vigore della pennellata, così come ogni sua altra caratteristica, è estremamente deciso. Per raggiungere la ricchezza e le sottigliezze create dalla pennellata nell'originale, spero che Madame de la Baume non ricorra a immagini stilizzate... è il carattere di *Pesca notturna* che il Governatore Rockefeller ama e che vogliamo venga riprodotto su lana.[6]

L'ultimo arazzo era tratto dal capolavoro cubista di Picasso del 1910, *Donna con mandolino*. Il dipinto apparteneva a Nelson Rockefeller ed era esposto nel suo appartamento di New York. Si tratta dell'unico dei diciotto arazzi ad essere tessuto in seta anziché in lana, e la

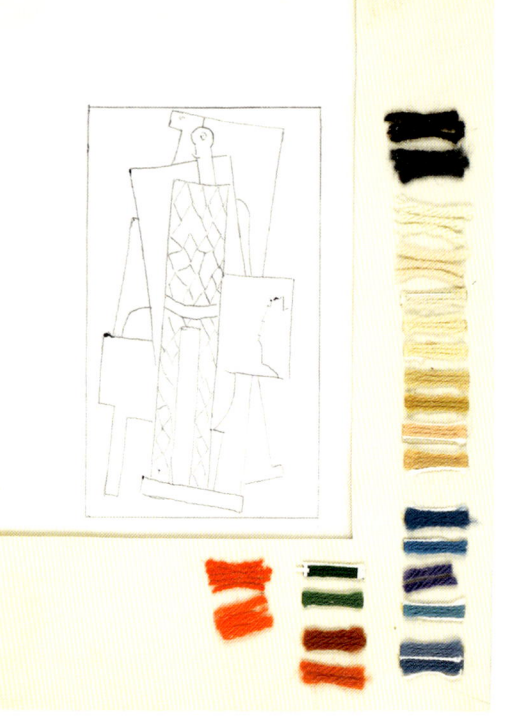

5. Carta dei colori e dei filati per *L'Arlecchino* / Color chart and yarns for *The Harlequin*

6. Picasso mentre guarda l'arazzo di *Guernica* ad Antibes, novembre 1955, file curatoriali di Kykuit / Picasso viewing the *Guernica* tapestry at Antibes, November 1955, curatorial files, Kykuit

7. Carta dei colori per la *Pesca Notturna ad Antibes* / Color chart for *Night Fishing at Antibes*

9 Juillet 1967 "Notre Dame de Vie"
Picasso - Jacqueline de la Baume et Dürrbach
et Baltasar

The restoration of the Cartoon for the *tapestry after Guernica* provides wonderful insight into the process of the creation of the tapestries, and is an important addition to their story.

The first two tapestries acquired by Nelson Rockefeller were after Picasso's most famous works: *Guernica* and *Les Demoisellses d'Avignon*, the third was after *Girl on the Beach*. Three were in the Collection of the Museum of Modern Art, and three were after paintings by Picasso that Nelson himself owned, and bequeathed to the Museum of Modern Art.

In the tapestry after *Night Fishing at Antibes*, vibrant hues create a landscape – abstract but with recognizable landmarks – and a narrative – somewhat humorous but with an ominous undercurrents. It was the most complex and challenging because the many of colors and the great variety of brushstrokes and modulation; sixteen numbered diagrams prepared by Carol Uht, Nelson Rockefeller's curator. She wrote to Mme. Van Doesburg, September 20, 1966:

> This work has very few flat areas of one tone. The vigor of the brushwork, as much as any other single characteristic is foremost in this work. To achieve the richness and subtleties caused by the brushwork in the original, I hope Madame de la Baume does not resort to stylized means... It is the character of Night Fishing, which Governor Rockefeller likes and which we want to recreate in wool.[6]

The final tapestry was after Picasso's cubist masterpiece of 1910, *Girl with Mandolin*. The painting belonged to Nelson Rockefeller and hung New York apartment. The only tapestry of the eighteen woven in silk rather than wool, the shimmering quality of the threads interprets beautifully the subtle forms of this cubist composition.

Nelson Rockefeller wrote to Picasso, August 5, 1970:

> *Estimado Picasso,*
> *Saludos* from an admirer and friend.
> For forty years my interest and excitement in art have centered around your painting and sculpture. The skill of your craftsmanship combined with your never ending joy, creative imagination and exploration, and the strength and brilliance of your work have given an additional dimension to my life.
> While I have avidly collected you works during these forty years and have a most exciting collection, so many of the greatest masterpieces that I loved were in your own collection of museums. Therefore I wanted to take this occasion of my daughter's visit to France to send a personal letter of thanks to tell you how deeply I appreciate your cooperation with Mme Van Doesburg and Dürrbach in having tapestries made of some of your greatest masterpieces. Through this work of the past twelve years you have thus made it possible for me to live

luminosità dei fili riesce a interpretare meravigliosamente le forme sottili di questa composizione cubista.
Nelson Rockefeller scrive a Picasso, il 5 agosto del 1970:

> *Estimado Picasso,*
> *Saludos* da un ammiratore e amico.
> Da quarant'anni il fulcro del mio amore ed entusiasmo per l'arte è rappresentato dai suoi dipinti e dalle sue sculture. La sua abilità, il suo infinito slancio, la sua immaginazione creativa e il suo percorso di esplorazione, la forza e l'unicità del suo lavoro hanno donato alla mia vita una nuova dimensione. Pur avendo, nell'arco di questi quarant'anni, collezionato avidamente le sue opere, molti dei capolavori da me più amati si trovano all'interno di musei. Ho voluto, perciò, approfittare del viaggio di mia figlia in Francia per mandarle una lettera di ringraziamento e farle sapere quanto apprezzi la sua collaborazione con Mme Van Doesburg e Dürrbach volta alla creazione di arazzi ispirati alle sue meravigliose opere. Attraverso il vostro lavoro, negli ultimi dodici anni, mi avete permesso di circondarmi dei più grandi capolavori del nostro tempo! Persino la Residenza del Governatore presso il Campidoglio, splendido edificio antico, è tornato a nuova vita grazie alla forza dei suoi arazzi, tra cui *I tre musicisti*, *I tre ballerini*, *Pesca notturna ad Antibes*, *Arlecchino* e, nella galleria al secondo piano, *Guernica* e altri tre.
> Mi è difficile esprimere con pienezza la gioia e l'entusiasmo che ancora sento – *grace a usted* [sic] – a vivere circondato da questi capolavori, nella costante attesa che ne arrivino di nuovi! Ancora una volta, la ringrazio di cuore per aver reso possibile tutto questo e, come cittadino del mondo, grazie per aver condiviso il suo genio creativo con il resto dell'umanità – in particolare durante questo arduo periodo di transizione.
> Spero davvero di avere, un giorno, il piacere di incontrarla personalmente ed esprimerle i miei sentimenti in maniera più adeguata.
> Nel frattempo, colgo l'occasione della visita di mia figlia per mandarle un sincero *abrasso*!
> *Con amicizia.*
> *Firmato,*
> *Nelson A. Rockefeller* [7]

Oggi sono quindici gli arazzi esposti a Tarrytown, e gli altri tre appartengono a membri della famiglia Rockefeller. Il sito del National Trust di Kykuit, intitolato a Nelson Rockefeller e ubicato 30 miglia a nord di Manhattan a Tarrytown, è aperto al pubblico e gestito dal Rockefeller Brothers Fund. Vi sono gallerie di arte moderna, dipinti, stampe, arazzi e giardini decorati da 80 sculture del Novecento, tra cui opere di Henry Moore, Alexander Calder, Aristide Maillol, e le *Bagnanti* di Picasso (1956-1957).

Post scriptum: la Whitechapel Gallery, Londra

Agli inizia del 2009, l'arazzo tratto da *Guernica* lasciò le Nazioni Unite per essere trasportato a Londra, nell'ambito di un'esposizione volta a celebrare l'ampliamento della Whitechapel Gallery di Londra.
Nel 1939 la Whitechapel aveva già ospitato il dipinto come tappa di un viaggio internazionale per illustrare gli orrori della guerra. Clement Attlee, allora leader del Partito Laburista, tenne un discorso durante l'inaugurazione della mostra riportando ai presenti la richiesta di Picasso di donare scarponi ai soldati repubblicani spagnoli.
Nel 2009, per commemorare questo evento, la Whitechapel ha esposto l'arazzo come parte di un'opera concettuale realizzata da Goshka Macuga[8]. Alle sue spalle, una tenda blu a simboleggiare il colore delle Nazioni Unite e, di fronte a esso, un'ampia tavola rotonda per rappresentare il Consiglio di Sicurezza. Il tavolo era una vetrina contenente documenti

8. Istallazione dei *Picasso di Nelson Rockefeller: Arazzi commissionati per Kykuit* al San Antonio Museum of Art / Installation view of *Nelson Rockefeller's Picassos: Tapestries commissioned for Kykuit* at the San Antonio Museum of Art

surrounded by the greatest masterpieces of our times! Even the Governor's Mansion at the State Capitol, a fine large old building, has come alive with the vibrant strength of your great tapestries, including the *Three Musicians*, the *Three Dancers*, *Night Fishing at Antibes*, *The Harlequin*, and in the Gallery of the second floor the *Guernica* and three others.

It would be difficult to express fully the joy and excitement of anticipation which I continue to have – *grace a usted* [sic] – in living surrounded by these masterpieces and anticipating the arrival of new ones!

Again may I thank you personally for having made this possible, and as a citizen of the world thank you for having shared your creative genius with mankind – particularly in this difficult period of transition.

It is my fond hope that sometime I will have the rare pleasure of meeting you personally and expressing my feeling more adequately.

But in the meantime I take this occasion of my daughter's visit as an opportunity to extend an *abrasso*!

Your friend.

Signed,

Nelson A. Rockefeller ⁷

Today, fifteen tapestries are installed in Tarrytown, and the remaining three belong to Rockefeller family members. Nelson Rockefeller's at Kykuit, a National Trust site 30 miles north of Manhattan in Tarrytown, are open to the public and administered by the Rockefeller Brothers Fund. There are galleries of modern paintings, prints and tapestries, and gardens with 80 20th century sculptures, including works by Henry Moore, Alexander Calder, Aristide Maillol, and Picasso's 1956-1957 *Bathers*.

A Postscript: The Whitechapel Gallery, London

In early 2009, the tapestry after *Guernica* left of the United Nations and traveled to London to an exhibit to celebrate the expansion of the Whitechapel Gallery in London.

In 1939 the Whitechapel had been an important stop on the international journey of the painting to illustrate the horrors of war. Clement Attlee, then leader of the Labor Party spoke at the opening of the exhibit and, Picasso requested from those attending a donation of boots for the Spanish Republican soldiers.

In 2009 to commemorate this event, the Whitechapel

d'archivio, lettere, ritagli di notizie risalenti al 1938-1939 e a epoche più recenti della storia dell'ONU. La mostra era finalizzata a ricordare quegli storici momenti e a fornire una piattaforma di lavoro per una moderna azione collettiva politica e sociale. Nell'arco di dodici mesi si sono tenuti più di 90 incontri, con oltre 300.000 visitatori[9].

---

[1] *Granada: L'Elegia per la Repubblica Spagnola* del 1949, seconda di una serie che conta più di 175 opere, fu acquisita da Nelson Rockefeller nel 1952 ed è esposta presso la galleria nella sua abitazione, a Kykuit, Tarrytown, oggi sito del National Trust.

[2] R. Dürrbach, saggio inedito del 1995, *Arazzi: Studio di La Baume-Dürrbach*, p. 13.

[3] Questa collezione si trova presso la Michael C. Rockefeller Wing del MoMA, così chiamata in onore di suo figlio, scomparso in Nuova Guinea nel 1962.

[4] A.H. Barr, Jr., *On Nelson Rockefeller and Modern Art*, in *Masterpieces of Modern Art: The Nelson A. Rockefeller Collection*, Hudson Hills Press, New York 1981, p. 20.

[5] Nelson Rockefeller, *ibid.*, p. 16.

[6] Rockefeller Archive Center, NAR art files, arch. 27 m, cartella 230.

[7] Rockefeller Archive Center, NAR art files, arch. 23, cartella 196.

[8] Goshka Macuga, nata nel 1967 a Varsavia, lavora a Londra. Candidata al Turner Price, la sua opera *The Nature of the Beast* (La natura della bestia) è stata esposta presso la Whitechapel nel 2009 e nel 2011.

[9] Goshka Macuga, in occasione della mostra, ha scritto il seguente messaggio:
Gentili Visitatori,
Questa mostra ruota intorno alla presentazione del dipinto originale di Picasso, *Guernica*, presso la Whitechapel Gallery nel 1939 e all'esposizione dell'arazzo presso il Quartier Generale dell'ONU di New York tra il 1985 e il 2009. In entrambi i casi, l'immagine è stata utilizzata come sfondo a un dibattito politico.
La sala è stata progettata ponendo grande enfasi sull'accogliere e l'incoraggiare gruppi di discussione usando, nuovamente, *Guernica* come sfondo. Siete quindi invitati a organizzare incontri e dibattiti intorno al tavolo.
Questo spazio viene offerto a titolo gratuito. L'unica cosa che chiediamo è che ci inviate fotografie, registrazioni o appunti degli incontri al seguente indirizzo, per includerli nel sempre crescente archivio della galleria.
Grazie,
Goshka Macuga.
Per elencarne alcuni:
2 aprile 2009: Incontro inaugurale, programmato per coincidere con il vertice del G20 di Londra, diversi relatori sono stati invitati a partecipare a una tavola rotonda informale per discutere l'attuale clima economico e politico.
8 aprile 2009: Il Visual Arts Team, London Office, Arts Council of England, ha tenuto il proprio incontro al tavolo centrale.
27 maggio 2009: Minority Rights Group International. Il giornalista e autore Mark Lattimer, ha tenuto una conferenza dal titolo *Da Guernica a Gaza, Picasso, la Convenzione di Ginevra e la Morte dall'Aria*. Organizzata dai membri dell'ONG MRGI, che lavora per promuovere i diritti delle minoranze e delle popolazioni indigene di tutto il mondo.
6 giugno 2009: Royal Society of Arts: Arts and Ecology, evento intitolato *Cambiamento ambientale* in occasione della Giornata dell'Ambiente dell'ONU.
12 giugno 2009: London Cultural Strategy Group, gruppo di sostegno per suggerire al sindaco di rendere Londra una città di cultura a livello mondiale.
4 luglio 2009: The International Brigade Memorial Trust: per commemorare coloro che hanno combattuto per la causa Repubblicana durante la Guerra Civile Spagnola tra il 1936 e il 1939 e per discutere l'impatto della prima esposizione di *Guernica* presso la Whitechapel Gallery nel 1939.
30 marzo 2010: The Landscape and Arts Network: incontro per pianificare una strategia volta a promuovere una maggiore consapevolezza sui temi del riscaldamento globale nelle pratiche artistiche. Il gruppo mira a sostenere l'attività artistica nell'ambiente, naturale e non.

L'autrice ha fatto il possibile per contattare i detentori dei diritti relativi agli incontri elencati. Chiunque non sia stato contattato è invitato a scrivere in modo da poter essere menzionato correttamente in futuro.

installed the tapestry as part of a conceptual piece by Goshka Macuga.[8] Behind it hung a blue curtain to symbolize the blue of the United Nations and front of it was a large round table, proportioned to represent the Security Council. The table was a vitrine, where archival brochures, letters, news clippings from the historic 1938–1939, as well as its more recent history at the UN. The exhibition not only looked back at these historic moments, but it also provided a platform for a working space for contemporary collective political and social action. More than 90 meetings were held over twelve months, there were more than 300,000 visitors.[9]

---

[1] *Granada: Elegy to the Spanish Republic*, 1949, the second in the series that numbers more than 175 artworks, was acquired by Nelson Rockefeller in 1952 and hangs in the galleries of the home, Kykuit, Tarrytown, now a National Trust site.

[2] R. Dürrbach, unpublished essay of 1995, *Tapestries: Studio of La Baume-Dürrbach*, p. 13.

[3] This collection is in the Michael C. Rockefeller Wing at the MoMA, named in honor of his son, who was lost in New Guinea in 1962.

[4] A.H. Barr, Jr., "On Nelson Rockefeller and Modern Art," in *Masterpieces of Modern Art: The Nelson A. Rockefeller Collection*, New York, Hudson Hills Press, 1981, p. 20.

[5] Nelson Rockefeller, *ibid.*, p. 16.

[6] Rockefeller Archive Center, NAR art files, box 27 m, folder 230.

[7] Rockefeller Archive Center, NAR art files, box 23, folder 196.

[8] Goshka Macuga, born, 1967, Warsaw, works in London, was shortlisted for the Turner Prize; her work *The Nature of the Beast* was at the Whitechapel in 2009 and 2011.

[9] Goshka Macuga included in the exhibit the following invitation:

Dear Visitor,

This exhibition revolves around the presentation of Picasso's original painting, *Guernica*, at the Whitechapel Gallery in 1939 and the placement and role of the tapestry at the United Nations Headquarters in New York from 1985 to 2009. In both instances, the image has been used as a backdrop for political debate.

The room has been designed with a real emphasis on accommodating and encouraging meetings for discussion groups, the *Guernica* used once again as a backdrop. You are therefore invited to host meetings and discussions around the central table.

The space is offered free of charge. We only ask that you send photographs, recordings or minutes of your meetings to this address for inclusion in the gallery's growing archive.

Many thanks,
Goshka Macuga.

To list a few:

April 2, 2009: Inaugural Meeting, Timed to coincide with the G20 meeting in London, a range of speakers were invited to participate in an informal round table discussion responding to the current political and economic climate.

April 8, 2009: The Visual Arts Team, London Office, Arts Council of England, held their regular meeting around the central table.

May 27, 2009: Minority Rights Group International. Journalist and Author, Mark Lattimer, gave a lecture entitled *From Guernica to Gaza, Picasso, the Geneva Conventions and Death from the Air*. Organized by members of the NGO MRGI, working to promote the rights of minorities and indigenous peoples worldwide.

June 6, 2009: Royal Society of Arts: Arts and Ecology; salon event titled *environmental Change* on UN Environmental Day.

June 12, 2009: London Cultural Strategy Group, a high-level advocacy group to advise the mayor in developing London as a world class city of culture.

July 4, 2009: The International Brigade Memorial Trust: to commemorate those who fought for the Republican cause during the 1936-39 Spanish Civil War. And discuss the impact of the original Whitechapel Gallery exhibition of Picasso's *Guernica* in 1939.

March 30, 2010: The Landscape and Arts Network: met to plan a strategy for the promotion of a greater awareness of global warming issues in artistic practices. The group aims to promote artistic activity in the environment, both natural and built.

The author has made a concerted effort to contact copyright holders for the works illustrated. Any whom we have been unable to contact are invited to write so that proper acknowledgment may be given in the future.

GERNIKA, DALLA STORIA BASCA A SIMBOLO UNIVERSALE

JACQUES BATTESTI
Conservatore del Museo basco e della storia di Bayonne

Il nome *Gernika* assume per i Baschi un significato del tutto particolare. Antico simbolo della loro libertà e della loro lotta per conservarla, la città è diventata nel XX secolo, a causa dell'opposizione dei Baschi alla dittatura franchista, la prima vittima storica di un bombardamento massiccio di civili. La risonanza mediatica della tragedia, catturata per l'eternità nella potenza del quadro di Picasso, ha proiettato improvvisamente questo simbolo basco agli occhi del mondo, dandogli il lustro di un'icona universale. *Guernica* di Picasso ha fatto di Gernika il luogo metaforico di un incontro fra i Baschi e il mondo.

Gernika, un importante punto di riferimento per la storia basca

Emblema dell'immortalità di un modello governativo originale e della loro antica libertà rispetto ai poteri della signoria e, in seguito, reali, la piccola borgata della Biscaglia era sin dal Medioevo il luogo di ritrovo delle assemblee generali (*juntas generales*) che rappresentavano tutti gli abitanti della Biscaglia. Innanzi a questa assemblea, che disponeva di ampi poteri, in particolare in materia legislativa, fiscale o militare, ciascun nuovo signore di Biscaglia, e in seguito ciascun re di Spagna, prestava giuramento di rispettare gli antichi costumi del territorio, i fori (*fueros*), redatti per la prima volta nella metà del XV secolo (nel XII secolo per la Navarra). Dei fori esistevano in ogni provincia basca, a nord come a sud dei Pirenei, con il medesimo sistema di assemblea. Sebbene tale modello governativo fosse presente anche in altre province, gli sforzi di unificazione realizzati dai Borboni nel XVIII secolo l'hanno fatto scomparire dappertutto, ad eccezione dei Paesi Baschi, dove persisteva a causa di un attaccamento popolare molto forte. Nelle province basche francesi i fori sono soppressi con la Rivoluzione, che ha comportato l'abolizione dei costumi e dei privilegi.

In Spagna, nel XIX secolo, l'opposizione fra liberali, che sostenevano l'abrogazione dei particolarismi locali, e conservatori, che difendevano "Dio e le antiche leggi" – fra cui i fori – si cristallizza in occasione delle due guerre carliste fra il 1833 e il 1839, e in seguito fra il 1872 ed il 1876. I

GERNIKA, FROM BASQUE HISTORY TO UNIVERSAL SYMBOL

JACQUES BATTESTI

Preservation Officer at the Basque and Bayonne History Museum

The name *Gernika* has a very special meaning for the Basques. Ancient symbol of their freedom and their struggle to preserve it, the town became – during the 20th century, due to the Basque opposition to the Francoist dictatorship – the first victim of a mass bombing against civilians. The media resonance of this tragedy, captured for eternity by Picasso, suddenly showed this Basque symbol to the whole world, giving it the value of a universal icon. Picasso's *Guernica* turned Gernika into a metaphorical meeting point between the Basques and the world.

Gernika, a major benchmark for Basque history

Ever since the Middle Ages, the small town of Biscay has been the symbol of the immortality of an original government, the emblem of freedom from the power of lordship and monarchy, the gathering place for the *juntas generales* (general assemblies) representing all of its citizens. Every new lord of Biscay, and then every King of Spain, would take an oath before this assembly – that held legislative, fiscal and military powers – to respect the old customs of the area, the forums (*fueros*), written for the first time in the mid-15th century (12th century in Navarra). These forums existed in every Basque province, North and South of the Pyrenees, and had the same assembly system. Although this kind of government was also present in other provinces, the unification efforts made in the 18th century by the Bourbons made it disappear everywhere, except for the Basque Country, where it persisted due to the strong devotion shown by its citizens. In the French Basque regions, the forums were suppressed during the Revolution, which led to the abolition of customs and privileges.

In Spain, during the 19th century, the opposition between liberals (who supported the abrogation of local particularism) and conservatives (who defended "God and the ancient laws," including forums) crystallized during the two Carlist Wars between 1833 and 1839, and then between 1872 and 1876. The Carlists, who were conservatives allied with the pretenders Charles V and Charles VII, had many followers in the Basque Country, where the conflict was linked to the defense of the old

1. Pablo Picasso e Jacqueline de la Baume Dürrbach, *Cartone di Guernica*, 1955, gouache su carta, 710 x 350 cm / Pablo Picasso and Jacqueline de la Baume Dürrbach, *Guernica Cartoon*, 1955, gouache on paper, 710 x 350 cm

Carlisti, conservatori alleati ai pretendenti Carlo V e Carlo VII, hanno numerosi seguaci nei Paesi Baschi, dove il conflitto si collega alla difesa dell'antico diritto consuetudinario. È all'interno di questo movimento di resistenza che la quercia di Gernika, sotto la quale si riunivano le assemblee generali, già rappresentata nel blasone di Biscaglia sin dal Medioevo, viene poco a poco portata a simbolo delle libertà sociali delle province basche. Il poeta e improvvisatore carlista José Maria Iparraguirre compone nel 1853 la canzone *Gernikako Arbola* (L'albero di Gernika) che diventa rapidamente il canto di riconoscimento dei difensori dei *fueros*, e poi un vero e proprio inno basco. Nel 1876, quando la seconda sommossa carlista fallisce, i fori vengono definitivamente soppressi nelle province basche di Spagna. Una generazione dopo, Sabino Arana Goiri, fondatore del Partito Nazionalista Basco, esponente di una famiglia carlista, crea l'*ikurriña*, la bandiera basca (1894), e mette su sfondo rosso che rappresenta il popolo basco la croce verde che simboleggia l'albero di Gernika e le leggi tradizionali, sormontata a sua volta da una croce bianca che rappresenta la legge di Dio.

26 aprile 1937, la tragedia del primo bombardamento di civili della storia

Durante il secolo successivo, nell'aprile del 1931, le prime elezioni municipali dopo la dittatura militare di Primo de Rivera (1923-1930) sono segnate da una forte spinta del sentimento repubblicano, che porta due giorni dopo alla

customary law. It is within this resistance movement that the oak of Gernika, under which the general assemblies met, already portrayed in the coat of arms of Biscay since the Middle Ages, slowly became a symbol of the social liberties of the Basque provinces. The Carlist poet and improviser José Maria Iparraguirre wrote, in 1853, the song *Gernikako Arbola* (The tree of Gernika), which soon became a hymn for those who defended the *fueros*, and then for the whole Basque Country. In 1876, when the second Carlist riot failed, the forums were permanently suppressed in the Spanish Basque provinces. One generation later, Sabino Arana Goiri, founder of the Basque Nationalist Party, member of a Carlist family, created the *ikurriña*, the Basque flag (1894), with a red background representing the Basque people and a green cross representing the tree of Gernika and the traditional laws, topped by a white cross representing the law of God.

April 26th, 1937, the tragedy of the first mass bombing against civilians in history

During the following century, in April 1931, the first municipal elections after the military dictatorship of Primo de Rivera (1923–1930) were marked by a strong Republican sentiment, leading two days later to the proclamation of the Republic and to the exile of King Alfonso XIII. The Republican government launched several social and economic reforms, including the creation of an autonomous statute for various provinces, like Catalonia and the Basque Country. The Basque statute, which included the provinces of Biscay, Guipúzcoa e Alava – without Navarra, after local mayors voted against it in 1932 – was validated by the Cortés, the Spanish parliament, in October 1936, three months after the beginning of the Francoist riot. The independent Basque government led by José Antonio Aguirre and made up of a coalition between the Basque National Party and various Spanish left-wing parties, took an oath under the tree of Gernika and immediately started a huge resistance against the advance of the rebel army.

In the afternoon of April 26th, 1937, the aircraft of the German Condor Legion and of the Italian Legionary Air Force, supporting the nationalist coup, bombed Gernika, located halfway between the front line and their major target: Bilbao. The town had 7,000 inhabitants, including many refugees. Three hours of carpet bombing and machine gunning, tons of incendiary bombs and cluster bombs, leave the town in a state of desolation. In its center, almost

2. Pablo Picasso e Jacqueline de la Baume Dürrbach di fronte all'arazzo *Pesca notturna ad Antibes*, tessuto nel 1967, Dürrbach estate / Pablo Picasso and Jacqueline de la Baume Dürrbach before the tapestry *Night Fishing at Antibes*, woven in 1967, Dürrbach estate

proclamazione della Repubblica e all'esilio del re Alfonso XIII. Il governo repubblicano avvia diversi cantieri di riforme sociali ed economiche, fra cui l'istituzione di uno statuto autonomo per varie province, fra cui la Catalogna e i Paesi Baschi. Lo statuto d'autonomia basco, che riuniva le province di Biscaglia, Guipúzcoa e Alava – senza la Navarra, in seguito a un voto di rifiuto dei sindaci del luogo nel 1932 – è convalidato dalle Cortés, il parlamento spagnolo, nell'ottobre del 1936, tre mesi dopo l'inizio della sommossa franchista. Il governo autonomo basco diretto da José Antonio Aguirre e composto da una coalizione fra il Partito Nazionale Basco e vari partiti spagnoli di sinistra, presta giuramento sotto l'albero di Gernika e costituisce sin da subito un importante centro di resistenza contro l'avanzata dell'esercito ribelle.

Nel pomeriggio del 26 aprile 1937, gli aerei della Legione Condor tedesca e dell'Aviazione Legionaria italiana, che sostengono il colpo di stato nazionalista, bombardano Gernika, che si trova a metà strada fra la linea del fronte e il loro obiettivo più importante: Bilbao. La città contava all'epoca 7000 abitanti, fra cui numerosi rifugiati. Tre ore di bombardamento a tappeto e di mitragliamento, durante le quali tonnellate di bombe incendiarie si alternano con altrettante bombe a frammentazione, lasciano la città in un totale stato di desolazione. Nel suo centro, distrutto per più del 70%, l'antica quercia sacra di Gernika è ancora in piedi. Bilbao cade dopo poco, nel giugno del 1937, costringendo all'esilio il governo basco. Nell'aprile del 1939 le forze repubblicane sono sconfitte e la dittatura del generale Franco si impone su tutto il territorio spagnolo. Lo statuto di autonomia basco viene soppresso e un intenso movimento repressivo si abbatte sui Paesi Baschi, dove l'uso della lingua basca è vietato in pubblico, così come qualsiasi espressione culturale (per esempio, danza e canto).

Da Gernika a *Guernica*, nascita di un'icona universale

L'onda di choc del bombardamento di Gernika, diffusa da reporter rapidamente giunti sul luogo, si propaga rapidamente attraverso l'Europa. Essa giunge sino a Picasso a Parigi, mentre lavora alla creazione di un grande quadro ordinato dal governo repubblicano per il padiglione della Spagna all'Esposizione Internazionale. L'emozione e la rabbia fanno immergere l'artista in un'attività febbrile. Modificando il suo progetto originale, realizza a partire dal primo maggio i disegni preparatori di una nuova opera ideata per denunciare il crimine di Gernika. L'11 maggio, nel suo laboratorio di rue

3. Jacqueline de la Baume Dürrbach e Pablo Picasso di fronte all'arazzo *Pesca notturna ad Antibes*, tessuto nel 1967 / Jacqueline de la Baume Dürrbach and Pablo Picasso before the tapestry *Night Fishing at Antibes*, woven in 1967

4. Jacqueline de la Baume Dürrbach al telaio nel suo atelier a Cavalaire / Jacqueline de la Baume Dürrbach at the loom in her atelier at Cavalaire

entirely destroyed, the sacred oak of Gernika was still there. Bilbao fell shortly after, in June 1937, forcing the Basque government into exile. In April 1939 the Republican forces were defeated and the dictatorship of general Franco prevailed throughout the Spanish territory. The Basque autonomous statute was suppressed and an intense repressive movement started against the Basque Country, prohibiting the use of the Basque language in public, and the performance of traditional dances and songs.

From Gernika to *Guernica*, birth of a universal icon

The shockwave caused by the Gernika bombing, covered by many reporters, spread throughout Europe reaching Picasso, who was in Paris working on a painting commissioned by the Republican government for the Spanish pavilion at the International Expo. Pushed by emotion and anger, the artist changed his original project and on May 1st created the working drawings for a new painting focused

des Grands Augustins, Picasso disegna su una tela immensa di 3,5 x 7,8 m la prima composizione del quadro, ritoccata varie volte sino alla sua conclusione attorno alla metà del giugno del 1937. Con vari riferimenti ai suoi lavori precedenti o a delle opere di spicco dell'arte europea, le figure simboliche che sorgono dalla tela sono l'espressione sintetica e cruda di un sentimento di terrore e di disperazione.

L'opera viene presentata il 12 luglio all'inaugurazione del padiglione spagnolo, concepito come vetrina della lotta della Spagna repubblicana contro la ribellione nazionalista. Sebbene l'opera sia accolta con pareri contrastanti, a causa del suo vocabolario formale avanguardista a cui il grande pubblico è ancora poco abituato, numerosi critici riconoscono sin da subito l'eccezionale potenza del quadro e la sua portata storica. Dopo l'Esposizione Internazionale, il governo repubblicano fa viaggiare l'opera, manifesto politico dall'aura crescente, dapprima in Europa e poi a New York, al MoMa, dove si trova nel 1939 quando Franco diventa padrone della Spagna. Picasso afferma nuovamente trent'anni dopo che *Guernica* potrà fare ingresso in Spagna, sua legittima proprietaria, solamente quando "vi saranno ristabilite le pubbliche libertà", e sarà solo nel 1981, nel movimento di transizione democratica successivo alla morte di Franco, che il quadro sarà solennemente sistemato a Madrid. Da allora non è mai stato nei Paesi Baschi, malgrado le richieste ufficiali del nuovo governo basco, ristabilito a partire dal 1980.

In ragione della diffusione planetaria senza precedenti della devastazione di Gernika e dell'eco drammatica che provoca l'opera di punta di Picasso, il nome della città basca martirizzata assurge agli occhi del mondo come il simbolo di una condanna agli orrori della guerra, come la denuncia universale della violenza cieca. Il quadro, divenuto un'icona storica legato al destino della Spagna nella seconda metà del XX secolo per stessa volontà di Picasso, ha altresì avuto un impatto notevole sulla creazione. Esposto al MoMa fino al 1981, ha profondamente influenzato un'intera generazione di artisti newyorkesi, quali Arshile Gorky, Willem de Kooning, Robert Motherwell o Jackson Pollock, con un ruolo di primo piano nell'apparizione dell'estetica nuova e radicale degli espressionisti astratti. D'altronde, la sua forza non ha mai smesso di essere scrutata e analizzata, dando vita a tante altre creazioni che ne sono diretta conseguenza, quali le interpretazioni musicali di Paul Dessau (1937) e di Leonardo Balada (1966), o le esplorazioni cinematografiche di Alain Resnais (1949), di Robert Flaherty (1949) o di Emir Kusturica (1978).

Guernica di Jacqueline de la Baume Dürrbach, una trasposizione esemplare

L'opera tessuta da Jacqueline de la Baume Dürrbach occupa una posizione a sé nella risonanza internazionale di *Guernica*. Picasso, creatore insaziabile, mosso da una ricerca costante di nuove forme di scrittura plastica, si era interessato sin dagli anni trenta alla trasposizione dei suoi quadri in arazzi. Egli aveva fatto realizzare varie riproduzioni tessute da diversi laboratori (Aubusson, les Gobelins, Cauquil-Prince) prima di incontrare nel 1951 René e Jacqueline Dürrbach, inizio di una lunga amicizia creativa che si protrae sino alla scomparsa di Picasso, segnata dalla creazione di 27 pezzi di arazzeria dalle sue opere. La qualità particolare delle arazzerie de l'Atelier Cavalaire, che seduce Picasso, riposa nella loro capacità a mantenere intatte l'energia del tratto e il vigore del disegno, la forza e l'autenticità primaria della pittura nel suo nuovo materiale. Una "ricerca della verità" caratterizza il lavoro di Jacqueline de la Baume Dürrbach, che si spende personalmente in tutte le fasi di creazione degli arazzi, dalla realizzazione del Cartone, al calco, e in seguito alla tessitura. Il pittore e la licciaia lavorano su ciascuna trasposizione in stretta

5. Pablo Picasso e Jacqueline de la Baume Dürrbach, *Cartone di Guernica*, 1955, particolare / Pablo Picasso and Jacqueline de la Baume Dürrbach, *Guernica Cartoon*, 1955, detail

6. Pablo Picasso e Jacqueline de la Baume Dürrbach, *Cartone di Guernica*, 1955, particolare / Pablo Picasso and Jacqueline de la Baume Dürrbach, *Guernica Cartoon*, 1955, detail

on the Gernika crime. On May 11th, at his studio in rue des Grands Augustins, Picasso drew on a huge canvas measuring 3,5 x 7,8 m the first composition of the painting, retouched several times before its conclusion around June 1937. With various references to his previous works or to those by major European artists, the symbolic figures arising from the canvas were the raw expression of a feeling of terror and despair.

The work was presented on July 12th during the inauguration of the Spanish pavilion, designed to be a showcase for the fight of Republican Spain against the nationalist rebellion. Although the work was welcomed with conflicting reactions, due to its avant-garde formal vocabulary the general public was still unfamiliar with, several critics immediately understood the painting's exceptional power and its historical significance. After the International Expo, the Republican government sent the painting abroad as a political manifesto, first within Europe and then to New York, at the MoMA, where it was exhibited in 1939 when Franco took over Spain. Thirty years later, Picasso said *Guernica* could go back to Spain, its rightful owner, only after "freedom would be restored"; this happened in 1981, during the democratic transition after Franco's death, when the painting was solemnly exhibited in Madrid. Since then, it was never taken to the Basque Country, despite the official requests by the new Basque government, re-established since 1980.

Due to the unprecedented resonance of Gernika's devastation and to the dramatic echo caused by Picasso's work, the name of the martyred Basque town became a symbol of the horrors of war, a universal scream against blind violence. The painting, now a historic icon linked to the destiny of Spain during the 20th century, had a huge impact on art as well. Exhibited at MoMa until 1981, it deeply influenced an entire generation of New York artists, such as Arshile Gorky, Willem de Kooning, Robert Motherwell or Jackson Pollock, with a key role in the birth of the new and radical aesthetics of abstract expressionists. Its strength has never ceased to be observed and analyzed, giving rise to other works like the musical interpretations by Paul Dessau (1937) and Leonardo Balada (1966), or the films by Alain Resnais (1949), Robert Flaherty (1949) or Emir Kusturica (1978).

Guernica by Jacqueline de la Baume Dürrbach, a great transposition

The tapestry woven by Jacqueline de la Baume Dürrbach has a very specific role in *Guernica*'s international resonance. Picasso was an insatiable creator, always driven by a constant search for new forms of expression, and he had been interested ever since the 1930s in the transposition of his paintings into tapestries. He had already commissioned many reproductions woven by a number of laboratories (Aubusson, les Gobelins, Cauquil-Prince) when he met, in 1951, René and Jacqueline Dürrbach; that was the beginning of a long creative friendship that lasted until Picasso died, marked by the creation of 27 tapestries inspired by his works. The peculiarity of the Atelier Cavalaire tapestries was their ability to maintain the energy of the stroke and the vigor of the drawing, the strength and authenticity of the painting in a new material. A "search for truth" characterized the work of Jacqueline de la Baume Dürrbach: she would take care of everything, from the Cartoon, to the cast, to the weaving. Her collaboration with Picasso was close, especially for the Cartoon, the phase where the painted work becomes a woven work. The Cartoon, always approved and sometimes even retouched by Picasso, was the meeting point between two techniques

collaborazione, in particolare sul Cartone, fase fondamentale durante la quale ha luogo lo spostamento dall'opera dipinta all'opera tessuta. Il Cartone, sempre sottoposto all'approvazione e talvolta ritoccato da Picasso, è il punto d'incontro tanto fra due tecniche quanto fra due sensibilità artistiche, un tempo e un supporto creativo comune la cui approvazione da parte del pittore consente l'inizio delle operazioni di tessitura. *Guernica*, composizione murale emblematica, si presta in maniera ideale a tale tipo di riproduzione. Questa, considerata sin dal loro primo incontro, è la seconda realizzazione dell'Atelier Cavalaire in collaborazione con Picasso. La sua creazione inizia nel gennaio del 1955, seguendo un metodo di lavoro che resterà immutabile fra l'artista e i suoi licciai: Jacqueline stabilisce un cartone delle dimensioni dell'arazzo da una locandina dell'opera fornita da Picasso, e traccia su questo modello una triangolazione che funge da riferimento per il cambio di scala del disegno. Per *Guernica*, Jacqueline ha la possibilità di concludere il Cartone in presa diretta con il quadro al momento della sua presentazione al Musée des Arts Décoratifs di Parigi nel 1955. Varie sedute di lavoro mattutine sono così dedicate a questo aggiustamento, prima che il Cartone sia sottoposto all'approvazione di Picasso e che inizino i sei mesi di tessitura a Cavalaire, utilizzando undici tinte di fili di lana su una catena di cotone. L'opera, presentata nel novembre del 1955 al Musée Grimaldi di Antibes, leggermente più piccola dell'originale, suscita l'entusiasmo di Picasso, e si aggiunge sin da subito alla collezione di Nelson Rockefeller negli Stati Uniti. Altri due esemplari saranno realizzati dall'Atelier Cavalaire da questo stesso Cartone, uno nel 1976 acquistato dal Musée Unterlinden di Colmar (esposto per la prima volta nei Paesi Baschi nel 2007, a Bayonne e Bilbao), l'altro nel 1985, oggi parte delle collezioni del Museum of Modern Art di Gunma in Giappone. Dal 1985, il primo arazzo, donato dalla famiglia Rockefeller all'Onu, orna la parete d'ingresso del Consiglio di sicurezza, come simbolo insuperabile della missione di una organizzazione decisa a "salvare le future generazioni dal flagello della guerra".

and two artistic sensibilities, a shared creative support that – once approved by the painter – allowed for the beginning of the weaving process.

Guernica, emblematic mural composition, turned out to be perfect for this kind of reproduction. This was the second work by Atelier Cavalaire in collaboration with Picasso. Its creation began in January 1955, following a method that would not change: Jacqueline would cut a cartoon of the same size of the tapestry from a poster of the work provided by Picasso, then trace a triangulation acting as reference for the change in scale of the drawing. For *Guernica*, Jacqueline had the chance to complete the Cartoon right when the painting was presented at the Musée des Arts Décoratifs in Paris, in 1955. Many morning sessions focused on this adjustment, before the Cartoon was approved by Picasso; then, six months of weaving began, using eleven shades of woolen threads on a cotton chain. The work, presented in November 1955 at Musée Grimaldi in Antibes, slightly smaller than the original, made Picasso extremely happy; Nelson Rockefeller immediately added it to his collection in the USA. Atelier Cavalaire made two more copies from this Cartoon, one in 1976 bought by the Musée Unterlinden in Colmar (exhibited for the first time in the Basque Country in 2007, in Bayonne and Bilbao), and a second one in 1985, now part of the collection of the Museum of Modern Art in Gunma, Japan. In 1985 the first tapestry, donated to the UN by the Rockefeller family, was located at the entrance of the Security Council, symbolizing the mission of an organization determined to "save future generations from the scourge of war."

2017 *GUERNICA*, ICONA DI PACE

SERENA BACCAGLINI
Curatore della mostra

"Finché le porte cadano dell'odio"
Pablo Neruda

Guernica è un'opera speciale, lo si avverte dal primo sguardo: un'opera monumentale di 27 metri quadrati che è difficile riprodurre sulle pagine di un libro senza perderne la complessità e l'impato emotivo. I personaggi che la animano sono più grandi che in natura, situati in uno spazio chiuso, in totale assenza di colore, sei esseri umani e tre animali assemblati in modo che diano subito la sensazione di un mondo in cui domina l'angoscia. Scopriremo che si tratta di un'opera autobiografica di uno spagnolo in esilio: il genio Picasso, divenuta un'icona per il mondo intero.

Il Cartone, che ho riscoperto dopo anni di ricerca e che vediamo esposto in una sede così prestigiosa, il Senato della Repubblica, nasce dall'olio di Guernica, oggi parte della collezione permanente del Museo Reina Sofia di Madrid, ideato e creato in soli 33 giorni dopo il terribile bombardamento del paese basco di Guernica nell'aprile del 1937 ed esposto all'Expo di Parigi nello stesso anno.

Il Cartone invece viene creato 18 anni dopo, nel 1955, quando Nelson Rockefeller stimola Picasso a rifare quell'opera, che aveva subito attirato l'attenzione del mondo intero per la sua forte carica emotiva, la più drammatica denuncia contro gli effetti devastanti della guerra, di ogni guerra!

Guernica è un'opera caratterizzata da alcune unicità che non si riscontrano in altre opere.
Dora Maar, fotografa di talento, allora compagna di Picasso, registrerà con oltre tremila foto la nascita dell'olio, dell'idea al suo svolgersi, ai suoi mutamenti, così che possiamo seguire il percorso creativo dal primo colpo di pennello alla sua stesura finale. È forse l'opera più documentata della storia: possiamo vedere attraverso queste foto quello che oggi non è più visibile in quanto l'olio, a differenza del disegno, consente di correggere e rielaborare l'immagine. Inoltre questo Cartone, che deriva dall'olio, non solo viene fatto su carta da pacchi, in sei strisce larghe come il telaio, per essere modello e guida per la tessitura dell'arazzo, oggi all'ONU, ma sarà il primo di una serie di 26 cartoni dai quali nasceranno altrettanti arazzi, un progetto

2017 *GUERNICA*, ICON OF PEACE

SERENA BACCAGLINI
Curator of the exhibition

"Until the doors of hate fall"
Pablo Neruda

Guernica is a special work; you can tell at the first glance: a monumental, 27 square meter painting that cannot be reproduced into a single page of a book without damaging its complexity and emotional impact. All of its characters are bigger than their natural size; they are located in an enclosed space, in a total absence of color: six human beings and three animals assembled so as to immediately give the impression of a world dominated by anguish. We will discover that it is an autobiographical work by an exiled Spaniard: Picasso, the genius, who has become an icon for the whole world!

The Cartoon I rediscovered after years of research, which we now see exhibited in such a prestigious venue – the Senate of the Italian Republic –, stems from the original Guernica oil painting, now permanently exhibited at the Reina Sofia Museum in Madrid, conceived and created in just 33 days after the bombing of the Basque town of Guernica, which took place in April 1937, and exhibited at the Paris Expo that same year.

The Cartoon, on the other hand, was created 18 years later, in 1955, when Nelson Rockefeller encouraged Picasso to remake that work, which had immediately attracted the attention of the whole world thanks to its strong emotional charge, the most dramatic statement against the devastating consequences of all wars!

Guernica's uniqueness cannot be found in any other work. Dora Maar, a talented photographer and Picasso's partner back then, took over three thousand pictures of the evolution of the painting, of its birth and its changes allowing us to follow the creative path from the first brush stroke to its final version. It is perhaps the most documented artwork in history: through these pictures we can see what is no longer visible today because oil, unlike drawings, makes it possible to correct and rework the image.

Inspired by the oil painting, this Cartoon is made on six strips of wrapping paper as wide as the loom, to act as a model and guide for the weaving of the tapestry which is currently at the

1. In una rara foto di Edward Queen del 1960 Picasso nel suo atelier alla Californie ha davanti a sé l'arazzo delle *Demoiselles d'Avignon* / In a rare photo of Edward Queen of 1960, Picasso, in his atelier at La Californie, has in front of himself the tapestry *Demoiselles d'Avignon*

unico nel panorama artistico del XX secolo. Picasso firma tutti i cartoni e gli arazzi accanto al logo di Cavalaire, l'atelier di Jacqueline de la Baume Dürrbach, la geniale artista "dalle dita d'oro" capace di "tessere un dipinto" trasformandolo in arazzo. La sua straordinaria abilità conquisterà Picasso che concederà solo ai Dürrbach la sua autorizzazione a trasformare le sue opere in arazzi e ne ordinerà per sé alcuni, come le *Demoiselles d'Avignon*, dichiarando: "Le tue *Demoiselles* tessute sono più belle delle mie dipinte"[1].

L'archivio Rockefeller a New York conserva memoria dell'accordo che coinvolse Nelson Rockefeller, Picasso e Jacqueline de la Baume Dürrbach per diciotto anni, dal 1955 al 1973, anno della morte di Picasso, e che vedrà nascere una collezione unica in cui i capolavori del grande artista verranno trasformati in arazzi per poter portare alla gente la bellezza. Rockefeller crede nel "potere trasformativo dell'arte"[2], nell'importanza nella vita di ogni giorno della bellezza[3], forza spirituale e fonte di ispirazione continua per ognuno di noi[4].

2. Uno dei 42 disegni preparatori di *Guernica*, *Madre col bambino morto su una scala*, matita e matita colorata su carta, 45 x 23,7 cm, 10 maggio 1937, Cahiers d'art 1937 /
One of 42 preparatory drawings of *Guernica*, *Mother with Dead Child on a Ladder*, pencil and coloured pencil on paper, 45 x 23.7 cm, 10 May 1937, Cahiers d'art 1937

United Nations in New York. It is also the first of a series of 26 cartoons, which will each spur a tapestry. It is a unique project in the art of the 20th century. Picasso signed all the cartoons and the tapestries next to the logo of Cavalaire, the atelier belonging to Jacqueline de la Baume Dürrbach. Also known as the brilliant "golden-fingered" artist, she was able to "weave a painting" into a tapestry. Her extraordinary ability will conquer Picasso's heart, who will give only the Dürrbachs permission to turn his works into tapestries. In fact, he even commissioned some for himself, declaring: "Your woven *Demoiselles* are more beautiful than the ones I painted."[1]

The Rockefeller archive in New York keeps a copy of the agreement that would involve Nelson Rockefeller, Picasso, and Jacqueline de la Baume Dürrbach in a unique collaboration for 18 years, between 1955 and 1973. 1973 marks the year of Picasso's death and the birth of a unique collection that will turn the great artist's masterpieces into tapestries to bring people beauty. Rockefeller believed in the "transformative power of art,"[2] in the importance of beauty,[3] spiritual strength and constant inspiration in everyday life.[4]

This beautiful letter is quoted entirely in the text given to us by the curator of the Rockefeller collection, Cynthia Altman, for this catalogue. A few years before Picasso's death, Rockefeller thanks him and affirms – with intensity and emotion – how much his art improved his life.

Nelson Rockefeller's passion for modern art leads him to collect works by the greatest artists of the 20th century. However, Picasso had a special place in Rockefeller's heart: "Of all of them Picasso was always my favorite," writes Rockefeller. "His restless vitality, and constant search for powerful new forms of expression, combined with his superb craftsmanship and sense of color and composition, have remained an unending source of joy and satisfaction to me."[5]

Therefore, Rockefeller's mission becomes that to share the joy and appreciation for art, and as his friend and first Director of MoMA, Alfred H. Barr Jr., said: "Rockefeller needs art like no other man" and reaffirms his "undaunted insistence" in making his collection available with great generosity.

In the 1950s, Rockefeller had acquired some tapestries from Maria Cuttoli (1879–1973),[6] a very important figure in the development of French weaving in the 20th century. In 1936, he had organized an exhibition with 16 tapestries in New York and had asked Picasso to participate with 12 cartoons, to support Cuttoli's project.

Nelson Rockefeller purchased many tapestries

La bellissima lettera, citata integralmente nel testo che la curatrice della collezione Rockefeller, Cynthia Altman, ha scritto appositamente per questo catalogo è straordinaria. Qualche anno prima della morte di Picasso, Rockefeller lo ringrazia e con grande intensità, vorrei dire con commozione, afferma quanto l'arte del grande artista abbia migliorato la sua vita.

La passione per l'arte moderna conduce Nelson Rockefeller a collezionare opere dei grandi del Novecento ma Picasso rimane il suo favorito, come egli stesso dirà: "Of all of them Picasso was always my favorite. His restless vitality, and constant search for powerful new forms of expression, combined with his superb craftsmanship and sense of color and composition, have remained an unending source of joy and satisfaction to me"[5] (Di tutti loro, Picasso è stato sempre il mio preferito. La sua inesauribile vitalità e costante ricerca per nuove potenti forme di espressione, unite alla sua superba maestria e senso del colore e della composizione, sono rimaste per me infinita fonte di gioia e di soddisfazione).

La sua missione diviene quindi quella di condividere la gioia e l'apprezzamento per l'arte e, come afferma l'amico e primo direttore del MoMA Alfred H. Barr Jr., Nelson ha bisogno dell'arte come nessun altro uomo e ribadisce anche che la sua "undaunted insistence" (insistenza imperterrita) nel rendere disponibile con grande generosità quanto da lui collezionato.

Rockefeller negli anni cinquanta aveva acquisito alcuni arazzi da Maria Cuttoli (1879-1973)[6], figura di grande spessore per lo sviluppo della tessitura francese nel XX secolo, che aveva organizzato nel 1936 una mostra con 16 arazzi a New York e Picasso aveva contribuito con 12 cartoni, sostenendo il progetto della Cuttoli.

Nelson Rockefeller da lei acquista vari arazzi e disegni per arazzi e nel 1952 acquista un arazzo di Picasso, *Edipo e la sfinge* (1934), confermando la passione dei Rockefeller per quest'antica arte, che ha un suo proprio linguaggio, distinto da quello della pittura e dell'affresco.

Questi arazzi erano prodotti dai laboratori di Beauvais, Aubusson e Gobelins: Picasso non aveva ancora scoperto l'Atelier Cavalaire di Jacqueline de la Baume Dürrbach! Nel 1951 Picasso incontrò la Dürrbach a una mostra al Musée de l'Annonciade a Saint Tropez e intuì subito la capacità creativa di quest'artista; in seguito a quest'incontro, nel 1954, nasce il primo arazzo, dall'opera *Harlequins* del 1920. L'anno dopo la grande impresa di Guernica!
In questo atelier furono tessuti tutti gli arazzi dai capolavori di Picasso definiti "vibrant translations", quindi elaborazioni

3. Pablo Picasso e Jacqueline de la Baume Dürrbach, *Cartone di Guernica*, 1955 / Pablo Picasso and Jacqueline de la Baume Dürrbach, *Guernica Cartoon*, 1955

4. L'arazzo da *Guernica* di Picasso tessuto nel 1955 da Jacqueline de la Baume Dürrbach / The tapestry after Picasso's *Guernica*, woven in 1955 by Jacqueline de la Baume Dürrbach

and drawings from her and in 1952, he bought a tapestry by Picasso, *Oedipus and the Sphinx* (1934), confirming the passion of Rockefeller for this ancient art form, which boasts a very specific language, different from that of painting and of fresco.

These tapestries were produced at the laboratories of Beauvais, Aubusson and Gobelins, since Picasso had not yet discovered Jacqueline de la Baume Dürrbach's Atelier Cavalaire!

In 1951, Picasso met Dürrbach at an exhibition at the Musée de l'Annonciade in Saint-Tropez, immediately sensing her creative abilities. After this first encounter, in 1954, she created the first tapestry for Picasso, from the 1920 painting *Harlequins*.

One year later, the great adventure of *Guernica* began!

This Atelier was where all of Picasso's tapestries were woven and defined as "vibrant translations," elaborations capable of translating the same vibrant energy of Picasso's paintings. This extraordinary 20-year collaboration, *"une communion artistique choisie et réussie"*[7] (a chosen and successful artistic communion), which saw the production of 26 tapestries, only ended with Picasso's death in 1973.

Therefore, the Cartoon of *Guernica* is not only a unique artwork but also the starting point of an unrepeatable project, characterizing the final years of Picasso's life. At this point of his life, he was able to get involved and transform his masterpieces through an ancient art form, different but charming, ending up being fascinated by it.

A letter by the "éditeur" for the tapestry commissions, Petronella van Doesburg, written on February 13th, 1956, states that "Picasso finds the tapestry a masterpiece" and that he was so happy with it ("*enchanté*", she writes) to affirm that only the Dürrbachs would have permission to turn his works into tapestries in the future!

The tapestry was the first piece in the collection of Nelson Rockefeller, who was soon appointed Governor of New York. He took the piece with him to Albany, in the Executive Mansion, which would later on house ten tapestries, exhibited during his three mandates as Governor.

This is therefore the beginning of a wonderful story, which shows us Picasso's ability to evolve and to explore different expressive means and feelings, such as the pain and desolation that wars cause in every man. Until now, he had focused on his art, trying different styles and conveying his creative strength. The tragic bombing of the Basque town forces him to open up to man and to history, expressing his

5. Rara foto del 1955, *Jacqueline de la Baume Dürrbach vicino all'arazzo di Guernica*, oggi all'ONU / Rare photo of 1955, *Jacqueline de la Baume Dürrbach before the Guernica tapestry*, now at the United Nations. Con l'autorizzazione degli eredi Dürrbach / With the permission of the Dürrbach heirs

capaci di tradurre la stessa vibrante forza delle opere di Picasso. Questa straordinaria collaborazione ventennale, "une communion artistique choisie et réussie"[7] (una comunione artistica scelta e riuscita) che vide la produzione di 26 arazzi, continuò fino alla morte di Picasso, nel 1973.

Il Cartone di *Guernica* quindi non è solo un *unicum* ma il punto di partenza di un progetto irripetibile, che ha qualificato la fase finale della vita di Picasso, il quale ha saputo mettersi in gioco, riprendere e trasformare i suoi capolavori tramite un'arte antica, diversa ma di grande fascino tanto da esserne alla fine lui stesso conquistato.

In una lettera dell'"éditeur" per le commissioni degli arazzi, Petronella Van Doesburg, del 13 febbraio 1956, si afferma che "Picasso finds the tapestry a masterpiece" (Picasso trova l'arazzo un capolavoro) e la sua soddisfazione era tale

participation in human pain and his furious moral judgment on violence. This we can see in more than 40 preparatory drawings for the work, where eyes take the shape of tears and mouths with pointed tongues scream with a sharp, piercing pain.

A rare image, reproduced in this catalogue, of Jacqueline before the Guernica tapestry inspired by our Cartoon is extraordinary and conveys the ability of this artist to create a complex work and to accept a considerable challenge, between two multifaceted men like Picasso and Rockefeller. To her and to her creative dialogue with Picasso, we owe the change from the three colors of the Cartoon (white, black and grey) to the eleven colors of the tapestry, as well as the invention of a complex method to join the woven strips without showing the points of junction. While innovating these unique techniques, she complied with Picasso's continuous direction and supervision. Guernica will therefore be the only "woven" Cartoon, while the other ones will be "woven without sewing." The Rockefeller archive keeps all the details of the agreement with the "total agreement" of Picasso. Jacqueline will write that every detail had to be approved by Picasso.[8]

In a subsequent letter, Van Doesburg, talking about the tapestry *Déjeuner sur l'herbe*, will write that Jacqueline cannot weave because Picasso is ill and will report that Picasso preferred the tapestry to his own painting.[9] During this special collaboration, Picasso will end up appreciating the complex work of transformation undergone by his works into a totally different medium from the original one (oil on canvas). This allowed for a number of advantages: it was easier to move the tapestries, since they could be rolled up, and they could be exhibited and set up in a number of different ways. When Rockefeller left Albany in 1974, the tapestries, including *Guernica*, were installed at his residence in Kykuit, New York. In 1985, Mrs. Rockefeller, six years after Nelson's death, decided that the *Guernica* tapestry was to be exhibited at the UN, with a plaque that reads: "In memory of Nelson Rockefeller and of his faith and support of the United Nations."

Reading *Guernica*

Art cannot be read like a text; it cannot be explained, but it is fascinating to learn how to look at a work of art: *Guernica* is not just a depiction of an event, but a sequence of extremely complex images that aim at communicating strong emotions. The scene takes place in an enclosed space, with an enigmatic part of tiled roof in the middle. There is a *lamp* hanging from the ceiling and forming an ellipse with pointed ends that form dark shadows on the wall. After a first impression of chaos, we notice that the work "rests" on some figures with strong emotional charge.

On the left, the *mother,* crouched on the ground, with a naked bust, holds her dead baby in her arms: a strong image that evokes anguish and death. Her face, pointing upwards, screams all her pain with tear-shaped eyes. The mother who lost her baby expresses an extreme amount of pain towards the *bull,* a threatening figure that enters the scene from left to right but violently turns its head in the opposite direction, staring at the viewer. It is impassive and oblivious of the pain expressed by the humanity around it. To its right, a panicking *bird,* surrounded by shadows, with its head stretched up in what seems to be a shrill cry. On the ground, a *man with his arms outstretched,* with a severed arm, his left hand with strained fingers and his palm full of deep marks, maybe the hand of workman, while the other hand is clenched into a fist and holds a broken sword. Meanwhile, a small flower appears from below. He is a *soldier,* and his head is also turned upwards in a silent cry, with lifeless eyes. In the center, right

("enchanté" la parola usata) da affermare che solo i Dürrbach avrebbero in futuro potuto tessere le sue opere!

L'arazzo fu il primo a entrare nella collezione di Nelson Rockefeller, che subito dopo venne nominato Governatore di New York, e lo seguì ad Albany dove venne installato nella Executive Mansion, che ospitò successivamente dieci arazzi, che vennero esposti durante le tre nomine successive come Governatore.

Questo quindi l'inizio di una storia meravigliosa, che ci mostra la capacità di Picasso di evolvere, di esplorare non solo mezzi diversi ma anche sentimenti nuovi quali il dolore e la desolazione che la guerra provoca in ogni uomo. Fino ad allora era stato assorbito dalla sua arte, aveva provato stili diversi, era concentrato sulla sua forza creativa. Il tragico bombardamento della città basca lo costringe ad aprirsi all'uomo e alla sua storia, a esprimere la sua partecipazione appassionata al dolore umano e il suo furente giudizio morale sulla violenza, come possiamo vedere negli oltre 40 disegni preparatori dell'opera in cui gli occhi prendono la forma delle lacrime e le bocche con la lingua appuntita urlano un dolore che sentiamo acuto e lacerante.

La rara immagine di Jacqueline davanti all'arazzo di *Guernica* originato dal nostro Cartone, qui riprodotta, è straordinaria e ci comunica la capacità di questa artista di elaborare un'opera di grande complessità, accettando una notevole sfida, tra due personaggi impegnativi come Picasso e Rockefeller. Si deve a lei e al suo confronto creativo con Picasso il passaggio dai tre colori, bianco nero e grigio, del Cartone agli undici colori dell'Arazzo e l'invenzione di un complesso metodo per unire le strisce tessute, senza che si vedessero i punti di giunzione, per assecondare Picasso, la cui direzione e supervisione sono state costanti. Guernica sarà quindi l'unico cartone "cucito" mentre gli altri saranno "weaved without sewing" (tessuti senza essere cuciti). L'archivio Rockefeller conserva i dettagli dell'accordo con l'approvazione ("total agreement") di Picasso. Jacqueline scriverà che ogni dettaglio aveva sempre l'approvazione di Picasso[8].

In una lettera successiva Van Doesburg, a proposito dell'arazzo *Déjeuner sur l'herbe*, scriverà che Jacqueline non può tessere perché Picasso è malato e riferirà[9] che Picasso preferiva l'arazzo al suo dipinto. Una collaborazione quindi speciale di cui Picasso stesso finirà per apprezzare il complesso lavoro di trasformazione delle sue opere in un mezzo totalmente diverso da quello originario (olio su tela) che consentiva inoltre numerosi vantaggi: gli arazzi erano più

6. *Guernica*, studio di composizione, matita su carta 23,7 x 45 cm, 9 maggio 1937, Cahiers d'art 1937 / *Guernica*, study for composition, pencil on paper, 23.7 x 45 cm, 9 May 1937, Cahiers d'art 1937

7. *Il sogno e la menzogna di Franco*, acquatinta, 31 x 42 cm, 8 gennaio 1937 / *The Dream and Lie of Franco*, aquatint, 31 x 42 cm, 8 January 1937

agevoli da trasportare rispetto alle tele, dal momento che si potevano arrotolare, e si prestavano a una grande varietà di allestimenti.

Quando Rockefeller lasciò Albany nel 1974 gli arazzi, incluso *Guernica*, furono installati nella sua residenza di Kykuit nello stato di New York. Nel 1985 Mrs. Rockefeller, sei anni dopo la morte di Nelson, decise che l'arazzo di *Guernica* fosse installato alle Nazioni Unite perché il suo messaggio potesse essere condiviso, con una targa che recita: "In memory of Nelson Rockefeller and of his faith and support of the United Nations".

Leggere *Guernica*

L'arte non si legge come un testo, non si può spiegare ma è affascinante imparare a guardare un'opera d'arte: Guernica non è una semplice illustrazione di un avvenimento ma una successione di immagini estremamente complesse che vogliono comunicarci sensazioni forti. La scena si svolge in uno spazio chiuso, con una parte enigmatica di tetto ricoperto di tegole al centro. Dal soffitto pende una *lampada* che forma un'ellisse con punte che disegnano ombre scure sul muro. Dopo una prima impressione di caos notiamo che la costruzione dell'opera poggia su alcune figure dalla forte carica emotiva.

A sinistra la *madre*, accovacciata a terra, il busto denudato, tiene il suo bambino morto tra le braccia: una scena forte che evoca angoscia e morte. Il volto della madre rivolto verso l'alto urla tutto il suo dolore con occhi a forma di lacrime. La madre che ha perso il suo piccolo esprime il massimo del dolore verso il *toro*, figura minacciosa che entra nella scena da sinistra verso destra ma gira violentemente la testa in senso opposto, fissando lo spettatore. È impassibile e assente dal dolore che l'umanità esprime attorno a lui. Alla sua destra un *uccello* in preda al panico, avvolto dall'ombra, con la testa tesa verso l'alto, sembra emettere un grido stridulo. A terra giace un *uomo dalle braccia tese*, con un braccio tranciato, la mano sinistra con le dita contratte e il palmo solcato da segni profondi, la mano forse di un lavoratore, mentre l'altra mano è serrata a pugno e stringe una spada spezzata, ma un piccolo fiore spunta da sotto. È un soldato quindi e anche la sua testa è rivolta verso l'alto in un grido muto, gli occhi senza vita. Al centro sotto la luce, un *cavallo*, l'animale vicino all'uomo al contrario del toro, si contorce dal dolore perché trafitto da una lancia la cui punta fuoriesce dal fianco. Il suo corpo è ricoperto di piccoli tratti neri, che evocano forse i caratteri tipografici di un giornale. La sua criniera denota che la testa è stata girata a sinistra in un movimento doloroso e dalla sua bocca aperta esce un grido acuto, penetrante. A destra in basso una *donna* si trascina, un ginocchio a terra; quasi oppressa da un peso, alza la testa in un atteggiamento implorante, sembra

8. *Testa di cavallo*, matita e tempera grigia su carta, 23,1 x 28,7 cm, 20 maggio 1937 / *Head of a Horse*, pencil and grey tempera on paper, 23.1 x 28.7 cm, 20 May 1937

9. *Testa di donna piangente*, matita, matita colorata e tempera grigia su carta, 23,1 x 28,7, 28 maggio 1937/ *Head of a Weeping Woman*, pencil, colored pencil and grey tempera on paper, 23.1 x 28.7 cm, 28 May 1937

under the light, a *horse*, located – unlike the bull – near the man, writhing in pain, pierced by a spear whose tip protrudes from its side. Its body is covered with small black marks, perhaps evoking the fonts of a newspaper. Its mane denotes that its head has turned both to the left and to the right, in a painful movement, and a sharp, penetrating cry comes out of its open mouth. On the lower right, a *woman* drags herself, a knee on the ground, almost burned by some weight. Raising her head in a pleading attitude, she looks wounded. To her right, *another woman* whose arms are the only thing we can see rises in a sign of supplication and despair; she seems to be surrounded by flames, perhaps in an attempt to reach the window above her head.

There are three dramatic images of death in three different parts of the painting. Picasso moved them during his preparatory study: the mother, for example, was first imagined while climbing a ladder, almost as a Virgin Mary ascending to the cross of her dead son. Then, in the following iteration, he removed all the colors and portrayed her as a *Pietà* with her son abandoned in her lap below the bull: the maximum of pain versus the maximum of indifference and cruelty!

The *fourth female figure* is an enigmatic bearer of light that enters the scene as if she was hovering, with a single, long arm holding a torch. Hence, of the six main figures, four of them tend towards the left and help us understand that *Guernica* should be read from right to left, in reverse, like the world at war Picasso describes.

Picasso decomposes and simplifies the bodies, dividing the three-dimensional space and multiplying the painting's points of observation: the light bulb indicates that we are in an enclosed space while that part of the roof suggests that we are in an open space outside. A simultaneous vision, an element that typically belongs to the Cubist language, at the same time, conveys the tragic effects of the bombing.

The horizontality of the painting allows us to catch a triangle leading upwards, towards the light: some hope after so much pain?

After a more careful observation, we notice that

ferita. Alla sua destra un'*altra donna*, di cui si vedono solo le braccia alzate in segno di supplica e disperazione, sembra avvolta dalle fiamme di un incendio, forse nel tentativo di raggiungere la finestra sopra la sua testa.

Tre sono le immagini drammatiche di morte in tre punti diversi dell'opera. Picasso ha mutato la loro posizione nel corso degli studi preparatori: la madre, per esempio, è stata prima immaginata mentre sale una scala, quasi una Madonna che ascende alla croce del figlio morto; poi l'artista ha abbandonato il colore e la ritrae come una novella pietà con il figlio abbandonato in grembo in una posizione potente, sotto il toro: il massimo del dolore verso il massimo dell'indifferenza e della crudeltà!

La quarta figura femminile è un'enigmatica portatrice di luce che entra, quasi fosse aspirata, solo con un lungo braccio teso che regge una torcia. Quindi sei figure principali e quattro di loro tendono verso la sinistra e ci fanno quindi comprendere che *Guernica* si legge all'inverso, da destra a sinistra, all'inverso come il mondo in guerra che Picasso ci descrive.

Picasso quindi scompone e semplifica i corpi, fraziona lo spazio tridimensionale, moltiplicando i punti di osservazione dell'opera: la lampadina elettrica ci indica che siamo in uno spazio chiuso mentre la parte di tetto indica uno spazio aperto, all'esterno. Una visione simultanea, elemento questo proprio del linguaggio cubista, che rende nello stesso tempo i tragici effetti del bombardamento.

Nell'orizzontalità dell'opera, quasi fosse un fregio, l'occhio coglie un triangolo che conduce lo sguardo verso l'alto, verso la luce: una speranza dopo tanto dolore?

A una più attenta osservazione notiamo che questo triangolo mette in evidenza una divisione in tre parti della composizione: la zona sinistra con il toro, la madre e il bambino; la parte destra con la donna tra le fiamme; la parte centrale, dedicata al cavallo ferito e alla portatrice di luce. Il cavallo è l'animale che accompagna l'uomo nella sua lotta contro il male, da sempre, anche nelle tauromachie dove il toro rappresenta la forza bruta contro l'uomo che è il simbolo della forza della ragione.

Qui il toro, di cui ci sono molti disegni preparatori, si stacca dalla scena, ignorando il dolore attorno a lui e il suo sguardo inquietante si rivolge dritto allo spettatore. È stato detto che non prende la colpa di quel dramma su di sé ma la rinvia al mondo... Indomito, nella sua immobilità minaccia l'umanità con la sua violenza. Del mondo degli uomini non restano che donne angosciate e animali! Il disordine ha sconvolto il mondo.

Interessante in questo punto centrale il mutamento di Picasso: prima al centro dell'opera c'era il braccio alzato con il pugno chiuso, simbolo del saluto dei repubblicani, che successivamente toglierà perché l'opera non sia riconducibile a uno specifico momento storico ma divenga un simbolo

10. Pablo Picasso e Jacqueline de la Baume Dürrbach, *Cartone di Guernica*, 1955, particolare / Pablo Picasso and Jacqueline de la Baume Dürrbach, *Guernica Cartoon*, 1955, detail

11. Pablo Picasso e Jacqueline de la Baume Dürrbach, *Cartone di Guernica*, 1955, particolare / Pablo Picasso and Jacqueline de la Baume Dürrbach, *Guernica Cartoon*, 1955, detail

this triangle highlights a division into three parts of the composition: the left area with the bull, the mother and the baby; the right area with the woman surrounded by flames; and, the central area dedicated to the wounded horse and the bearer of light. The horse has always been the animal that shares with the man his fight against evil, even in bullfights, where the bull represents the brute force against the man who represents the strength of reason.

Here the bull, of which there are a number of preparatory drawings, is separated from the scene and ignores the pain around it; its disquieting look turns straight to the viewer. It has been said that it does not accept drama onto itself, but it sends it back to the world! Indomitable, in its immobility, it threatens humanity with its violence. All that remains of the human world are anguished women and animals! Chaos has upset the world.

universale contro tutte le guerre[10]. Picasso ha scelto quindi di rappresentare questo dramma sotto forma di allegoria, non utilizzando elementi reali. L'esilio ha reso più doloroso questo conflitto che ha colpito la sua terra e quindi più intensa la sua reazione. Picasso decide di non tacere e di reagire immediatamente, come aveva fatto Goya nel suo *El tres de mayo de 1808 en Madrid* (1814)[11] quando ritrae la fucilazione di migliaia di civili spagnoli che si erano rivoltati durante l'occupazione francese in Spagna. Il male che l'uomo fa ai suoi simili è il sonno della ragione che genera mostri, per tornare a Goya. André Malraux scrisse[12] quanto Picasso ammirasse soprattutto quest'opera di Goya, in cui la duplice illuminazione lo affascinava: la luce diffusa della notte e quella precisa e brutale del fascio proiettato dagli assassini.

Sono importanti i contenuti simbolici non solo per la comprensione dei contenuti specifici ma anche per valutare la valenza dei simboli nell'arte e per comprendere perché Guernica sia oggi un'icona straordinaria di pace. La bellezza di queste immagini, anche se esprimono violenza e disperazione, sta nelle emozioni che ci vengono trasmesse e comunicate. Ecco quindi la straordinaria potenza ed efficacia con cui emerge il valore della pace per "abbattere i cancelli dell'odio", come scrive Neruda, la bellezza che assume una dimensione estetica ed etica insieme.

Queste le parole espresse dell'artista stesso in una dichiarazione pubblica mentre lavorava sull'opera: "La guerra in Spagna è la reazione contro la gente e la libertà. Tutta la mia vita di artista non è stata niente di più che una lotta continua contro la reazione e la morte dell'arte. Come si potrebbe pensare, anche per un solo momento, che io possa essere d'accordo con la reazione e con la morte? Quando è iniziata la rivolta, il governo Repubblicano di Spagna, legalmente eletto e democratico, mi ha nominato direttore del Museo del Prado, carica che ho subito accettato. Nel pannello su cui sto lavorando, che chiamerò Guernica, e in tutti i miei recenti lavori d'arte, ho chiaramente espresso il mio orrore per la casta militare che ha sprofondato la Spagna in un oceano di dolore e di morte".

Da qui l'attualità e l'universalità del messaggio. La violenza di quell'atto brutale investe tutta la cultura dell'Occidente e ci porta a chiederci: dov'è oggi la *Guernica* di fronte alle continue stragi a cui assistiamo? Dove sono oggi le voci di artisti e intellettuali che si levano contro la barbarie della guerra?

"Il mondo è pericoloso non a causa di quelli che fanno del male, ma a causa di quelli che guardano e lasciano fare"
Albert Einstein

This change of Picasso is extremely interesting: initially, in the center of the painting, there was the raised arm with the fist, a symbol of Republicans, which will later be removed so the work can become a universal symbol against all wars, not just of this era.[10] Picasso has therefore chosen to represent this tragedy allegorically, not using real elements. The exile made this conflict even more painful to him, causing his reaction to be more intense. Picasso decides not to be silent and to react immediately, as Goya had done with his *El tres de mayo de 1808 en Madrid* (1814)[11] when he portrays the shooting of thousands of Spanish civilians who had revolted during the French occupation in Spain. The evil that man does to his fellow comrades is the sleep of reason that produces monsters, to mention Goya again. André Malraux[12] wrote about how much Picasso loved this painting by Goya, in which the double illumination was extremely fascinating to him: the diffused light of the night and the precise and brutal light projected by the assassins.

Not only is it important to look at the contents of an artwork, but it is also essential to evaluate the value of its symbols. In this case, it is important to understand why *Guernica* is an extraordinary icon of peace today. The beauty of these images, even if they express violence and despair, lies in the emotions conveyed and communicated. This is the extraordinary strength and effectiveness of the value of peace to "make the doors of hate fall," as Neruda writes, about the beauty that gains an aesthetic and ethical dimension.

We will use the words of the artist himself, used in a public statement while working on the painting: "The war in Spain is the reaction against people and freedom. All of my life as an artist has been nothing more than a constant fight against the reaction and death of art. How could one think, even for a moment, that I can agree with reaction and death? When the revolt began, the Republican Government of Spain – legally and democratically elected – appointed me as the director of the Museo del Prado, and I immediately accepted. The panel I am working on, which will be named *Guernica*, as well as all of my recent artworks, clearly express my horror for the military caste that led Spain into an ocean of pain and death."

Hence the modernity and universality of his message. The violence of that brutal act involves the whole Western culture and makes us ask ourselves: where is Guernica today, while we face continuous massacres? Where are the voices of artists and intellectuals speaking against the barbarity of war?

"The world is a dangerous place not because of those who do evil, but because of those who look on and do nothing about it"
Albert Einstein

[1] Affermazione che Jacqueline annota sul suo cahier d'atelier, con l'ordine di Picasso di tessere per sé due arazzi delle *Demoiselles*, che vedremo nel suo atelier.

[2] *Nelson Rockefeller's Picassos, Tapestries commissioned for Kykuit*, a cura di Cynthia Bronson Altman, catalogo della mostra, San Antonio Museum of Art, p. 15.

[3] Ivi, p. 16, "From drab duty to radiant living" (Dallo squallido dovere ad un vivere radioso).

[4] "Rockefeller believed that great art had the power to speak to the widest possible public" (Rockefeller credeva che la grande arte avesse il potere di parlare al pubblico più numeroso possibile), Katherine Crawford Luber, Kelso director, in *Nelson Rockefeller's Picassos* cit., p. 11.

[5] Ivi, p. 18.

[6] D. Paulvé, M. Cuttoli, *Myrbor et l'invention de la tapisserie moderne*, Editions Norma, Paris 2010.

[7] Dal documento di valutazione, marzo 2017, dell'esperto accreditato SVV Laurent-Adrien Asselineau, in cui viene descritta la collezione dei 26 cartoni definita: " Véritable trésor de l'histoire de l'art contemporain intacte avec les si nombreux témoignages, documents et photos qui définissent sa réalité" (Un vero e proprio tesoro della storia dell'arte contemporanea intatto con le sue numerose testimonianze, documenti e foto che definiscono la sua realtà).

[8] "We never send a tapestry without showing him [Picasso] for approval" (Non mandiamo mai un arazzo senza averlo mostrato a Picasso per avere la sua approvazione), Rockefeller Archive Center, NAR art files, box 27, folder 230, dal catalogo del San Antonio Museum.

[9] "Picasso prefers this tapestry to his own painting" (Picasso preferisce questo arazzo al suo stesso dipinto), Rockefeller Archive Center, NAR art files box 27, folder 227.

[10] D. Maar, photo Museo Reina Sofia, Madrid

[11] Museo del Prado, Madrid.

[12] A. Malraux, *Tête d'obsidienne*, Gallimard, Paris 1974.

Bibliografia

Brassai, *Conversations avec Picasso*, Gallimard, Paris 1964.

K. Brunner, *Picasso rewriting Picasso*, Black Dog Publishing Ltd, London 2014.

P. Dominique, M. Cuttoli, *Myrbor et l'invention de la tapisserie moderne*, Editions Norma, Paris 2010.

R. Dürrbach, *Jacqueline de la Baume Dürrbach, Conversations*, Musée Estrine, Saint-Rémy 2008.

J.-L. Ferrier, *De Picasso à Guernica*, Denoël, Paris 1985.

L. Gervereau, *Autopsie d'un chef-d'oeuvre - Guernica*, Méditerranée, Paris 1996.

Hommage à Pablo Picasso. Peintures, catalogo della mostra, Paris, Réunion des Musées Nationaux, Paris 1966.

A. Malraux, *La tête d'obsidienne*, Gallimard, Paris 1974.

D. Miller, *The Nelson A. Rockefeller Collection: Masterpieces of Modern Art*, Hudson Hills Press, New York 1981.

Nelson Rockefeller's Picassos, Tapestries commissioned for Kykuit, a cura di Cynthia Bronson Altman, catalogo della mostra, San Antonio Museum of Art, 2014.

K.L.H. Wells, *Rockefeller's Guernica and the collection of modern copies*, in "Journal of the History of Collections", 2014.

[1] A statement Jacqueline wrote in her cahier d'atelier, with Picasso's request to weave two tapestries of the *Demoiselles* for him, which we will see in his atelier.
[2] *Nelson Rockefeller's Picassos, Tapestries commissioned for Kykuit*, edited by Cynthia Bronson Altman, exhibition catalogue, San Antonio Museum of Art, p. 15.
[3] Ivi, p. 16, "From drab duty to radiant living."
[4] "Rockefeller believed that great art had the power to speak to the widest possible public," Katherine Crawford Luber, Kelso director, in *Nelson Rockefeller's Picassos*, op. cit., Antonio Museum of Art, p. 11.
[5] Ivi, p. 18.
[6] D. Paulvé, M. Cuttoli, *Myrbor et l'invention de la tapisserie modern*, Paris, Editions Norma, 2010.
[7] From the assessment report, dated March 2017, by the SVV certified expert Laurent-Adrien Asselineau, where he describes the collection of the 26 cartoons as "veritable trésor de l'histoire de l'art contemporain intacte avec les si nombreux témoignages, documents et photos qui définissent sa réalité" (a true treasure of contemporary art history, with many testimonies, documents and photographs defining its actuality).
[8] "We never send a tapestry without showing him (Picasso) for approval," Rockefeller Archive Center, NAR art files, box 27, folder 230, from the San Antonio Museum catalogue.
[9] "Picasso prefers this tapestry to his own painting," Rockefeller Archive Center, NAR Art files, Box 27, folder 227.
[10] Dora Maar's photo, Reina Sofia Museum, Madrid.
[11] Prado Museum, Madrid
[12] A. Malraux, *Tête d'obsidienne*, Paris, Gallimard, 1974.

Bibliography
Brassai, *Conversations avec Picasso*, Paris, Gallimard, 1964.
K. Brunner, *Picasso rewriting Picasso*, London, Black Dog Publishing Ltd, 2014.
P. Dominique, M. Cuttoli, *Myrbor et l'invention de la tapisserie moderne*, Paris, Editions Norma, 2010.
R. Dürrbach, *Jacqueline de la Baume Dürrbach, Conversations*, Saint-Rémy, Musée Estrine, 2008.
J.-L. Ferrier, *De Picasso à Guernica*, Paris, Denoël, 1985.
L. Gervereau, *Autopsie d'un chef-d'oeuvre - Guernica*, Paris, Méditerranée, 1996.
Hommage à Pablo Picasso. Peintures, exhibition catalogue, Paris, Réunion des Musées Nationaux, 1966.
A. Malraux, *La tête d'obsidienne*, Gallimard, Paris, 1974.
D. Miller, *The Nelson A. Rockefeller Collection: Masterpieces of Modern Art*, New York, Hudson Hills Press, 1981.
Nelson Rockefeller's Picassos, Tapestries commissioned for Kykuit, edited by Cynthia Bronson Altman, exhibition catalogue, San Antonio Museum of Art, 2014.
K.L.H. Wells, "Rockefeller's Guernica and the collection of modern copies," *Journal of the History of Collections*, 2014.

GUERNICA. "LA POESIA NON RITMERÀ PIÙ L'AZIONE: SARÀ DAVANTI…"

MARIA GLORIA GRIFONI

Poeta

"Mi domando anche se l'odio e la paura, elementi così affini, non siano giunti all'ultimo stadio della loro reciproca evoluzione, se non si confonderanno domani in un sentimento nuovo, ancora sconosciuto di cui qualcosa talvolta si rivela in una voce, in uno sguardo".
In questo frammento de *I grandi cimiteri sotto la luna* le figure sembrano levarsi in quel disumano senso del potere, vivere con tutta l'intensità che può aver provocato un simile passato, quello della guerra spagnola, degli orrori e della stessa città di Guernica distrutta nell'arco di tre ore e mezza.
Guernica è forse la premessa del presente?
Tutto sembra evocare la tragedia umana che si ripete.
È falso dire: "Io penso", si dovrebbe dire: "Pensiamoci", perché la morte sembra dover dare sempre la più grande rappresentazione umana della storia, si trascina lo sgomento dei grandi che daranno voce alla stessa.

Generali
Traditori:
[…] Guardate la Spagna spezzata.
[…] Da ogni bambino morto vien fuori un fucile con occhi
Da ogni crimine nascono proiettili.
Pablo Neruda

Il coro si fa alto continuo: voci, immagini, musica, il sogno prende forma si riappropria di un'appartenenza, quella della bellezza che non si consuma.

Chiederete: perché la tua poesia
Non ci parla del sogno, delle foglie.
[…] Venite a vedere il sangue per le strade
Venite a vedere il sangue per le strade
Venite a vedere il sangue per le strade!
Pablo Neruda

GUERNICA. "POETRY WILL NO LONGER GIVE RHYTHM TO ACTION: IT WILL STAND AHEAD…"

MARIA GLORIA GRIFONI
Poet

"I also wonder if hate and fear, two elements that are so similar, have reached the last stage of their mutual evolution, if they will blend into a new, still unknown feeling, a feeling that sometimes reveals itself through a voice, through a gaze."

In this fragment from *Great Cemeteries Under the Moon*, characters seem to rise in that inhuman sense of power, to live with all the intensity caused by such a past, that of the Spanish war, of the horrors and of the town of Guernica itself, destroyed over three and a half hours.

Is Guernica an introduction to our present?

Everything seems to evoke a repeating human tragedy.

Saying, "I think," is a lie; we should say, "Let us think about it," because death seems to be the greatest human representation in history, carrying with itself the dismay of the great ones that will give voice to it.

Generals
Treacherous:
[…] Look at broken Spain
[…] From every dead child a rifle with eyes
and from every crime bullets are born
Pablo Neruda

The chorus becomes continuously high: voices, images, music, the dream takes shape, takes back its sense of belonging towards unconsumed beauty.

And you'll ask: why doesn't his poetry
speak of dreams and leaves
[…] Come and see the blood in the streets,
come and see
the blood in the streets,
come and see the blood
in the streets!
Pablo Neruda

Il poeta sente quello che altri sentiranno nella loro profondità dopo anni e anni: sente tutte le forme d'amore, di sofferenza, di follia, e le compone, fedele a ciò che si è quando si è più vivi e si percepisce tutto quello che intorno ha lo stesso battito di innumerevoli esseri. Le parole diventano memoria viva, restano nel destino di un'umanità che cerca nel sogno il rinnovarsi in quel desiderio di amore e libertà.
Le figure di *Guernica* accentuano con il bianco e nero la mancanza di vita ed è il non colore che ci porta il buio della crudità di uno sterminio sperimentale di una città senza nessuna difesa.

Questo capolavoro di intensità emotiva, dove tutto sembra sovrastare tutto, porta parecchi artisti verso la più alta espressione artistica.
Pablo Casals in *Il canto degli uccelli* ricerca la parola "pace" che si fa grande nel suono e nell'interpretazione dello stesso. Il violoncello diventerà voce, messaggio che lo rappresenterà all'Onu e alla Casa Bianca.
Ma è la poesia che nell'indignazione diventa riflessione di un'epoca e di un tempo che si ripete in altri luoghi: quell'orrore che si trascinano le guerre.

So che vivono in pozzi fredde voci
che sono d'un sol corpo o molti corpi
d'un anima soltanto o molte anime.
Non lo so.
Ditemelo.
Rafael Alberti

Madre buona, madre forte
madre che per la vita
hai dato un figlio alla morte.

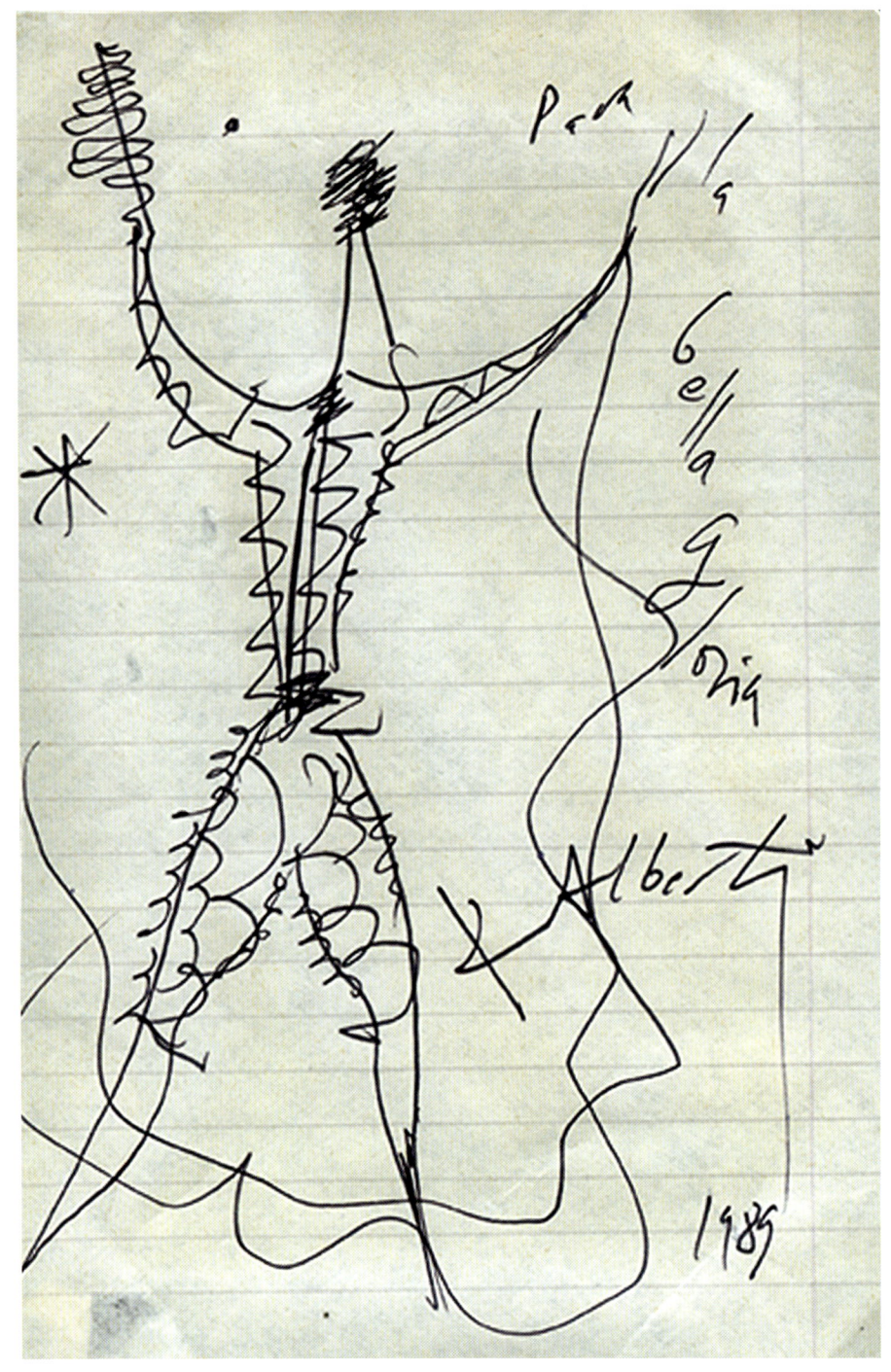

1. Disegno di Rafael Alberti del 1985 con dedica a Maria Gloria Grifoni / 1985 drawing by Rafael Alberti with a dedication to Maria Gloria Grifoni

The poet feels what others will feel deeply after many years: he feels all forms of love, suffering, madness, he composes them, remaining faithful to what one is when one is so alive, when one perceives everything that surrounds them, knowing that they share the same pulse of innumerable beings. Words become living memories, they remain in the destiny of a humanity that seeks in dreams a desire of renewal, love, freedom.
Through the use of black and white, the figures of *Guernica* accentuate the lack of life, and non-color conveys the darkness of an experimental extermination over a helpless town.

This masterpiece of emotional intensity, where everything seems to dominate everything, leads many artists to their highest artistic expression.
Pablo Casals, in his *Song of the Birds*, seeks the word "peace" that becomes great in its sound and in the interpretation of the sound.
The cello will become a voice, a message that will represent him at the UN and at the White House.
Poetry in indignation becomes the reflection of an era, of a time repeating in different places: the horror brought about by wars.

I know in the wells live cold voices
that are of one body or many bodies,
of one soul or many souls.
I don't know.
Tell me.
Rafael Alberti

Good mother, strong mother
mother who, for life,
gave a child to death.

[...] Do not say: War! Say:
Peace! Peace! Those who valiantly
fearlessly follow you.
Rafael Alberti

These words have an evocative intensity that only a poet who has lived in an era of cruelty can feel and convey. An invisible but real interiority, a language that sums up the unknown awakening the universal soul during its time.
Art has its function, poets are citizens of the world, poetry will no longer give rhythm to action: it will stand ahead.

I would like to conclude these notes by giving voice to the greatest poets of the 20th century, those who lived for poetry and freedom.
If there is a substitute for love, that substitute is memory! Little by little, the verses of these poets become our identity in the clarity of words accompanied by the mercilessness of facts.
Poetry elevates, promotes to the dignity of meaning.

I learned the science of goodbyes
crying bare-headed at night.
[...] Who knows what leave awaits
in the word goodbye.
Osip Mandel'stam

I forgot the word I wanted to say.
The bling swallow will return to the palace of shadows.
[...] Mortals are allowed to love and recognize
for them even sounds spread from the fingers
but I forgot what I wanted to say.
Osip Mandel'stam

[...] Non dica: Guerra! Dica:
Pace! Pace! Quelli che valorosamente
senza paura ti seguono.
Rafael Alberti

Queste parole hanno quell'intensità evocativa che solo un poeta che ha vissuto in un'epoca di crudeltà ha potuto sentire e trasmettere. Un'interiorità non visibile ma reale, una lingua dell'anima che riassume la quantità di ignoto che risveglia nel suo tempo l'anima universale.
L'arte ha la sua funzione e i poeti sono i cittadini del mondo e la poesia non ritmerà più l'azione: sarà davanti.

Vorrei concludere questo mio pezzo dando voce ai più grandi poeti del XX secolo che hanno vissuto per la poesia e per la libertà.
Se c'è un surrogato dell'amore, è la memoria! A poco a poco i versi di questi poeti diventano la nostra identità nella limpidezza delle parole accompagnate dalla spietatezza dei fatti.
La poesia eleva, promuove alla dignità di significato.

Ho imparato la scienza degli addii
nel piangere notturno a testa nuda.
[...] Chi può sapere che congedo attende
nella parola addio.
Osip Mandel'štam

Ho dimenticato la parola che volevo dire.
La rondine cieca farà ritorno nel palazzo delle ombre.
[...] Ai mortali è concesso amare e riconoscere
per loro anche il suono si effonde dalle dita
ma io ho dimenticato quel che volevo dire.
Osip Mandel'štam

Il linguaggio dei poeti deve aiutare a ricostruire a ridiventare fanciulli, ad amarsi e a disinnescare quella anestesia del cuore, a forza di semplicità, franchezza e audacia. Troppe urla hanno lasciato una traccia sulla terra e hanno comunicato agli altri uomini come sono vissuti e come sono morti.
Il silenzio è un autentico delitto contro il genere umano.

Fu visto camminare tra i fucili
per una lunga strada.
[...] Hanno ucciso Federico
quando la luce spuntava.
Il plotone dei carnefici, non osò guardarlo in viso
Tutti chiusero gli occhi;
pregarono: nemmeno Iddio può salvarti!
Cadde morto Federico.
Antonio Machado

Ho sentito risuonare le parole di Federico García Lorca, come se volessero riportarci a una riflessione, la sua riflessione: "Nessuno può avere un'idea della solitudine che prova uno spagnolo, soprattutto un uomo del sud".

Non c'è notte in cui baciando
non senta i sorrisi della gente senza volto
né c'è chi toccando un neonato
dimentichi i teschi immobili di cavallo.
Federico García Lorca

Esco nudo per la strada
gonfio di versi
perduti.
Federico García Lorca

2. Manoscritto di Maria Gloria Grifoni, 1985-2015 / Manuscript by Maria Gloria Grifoni, 1985–2015

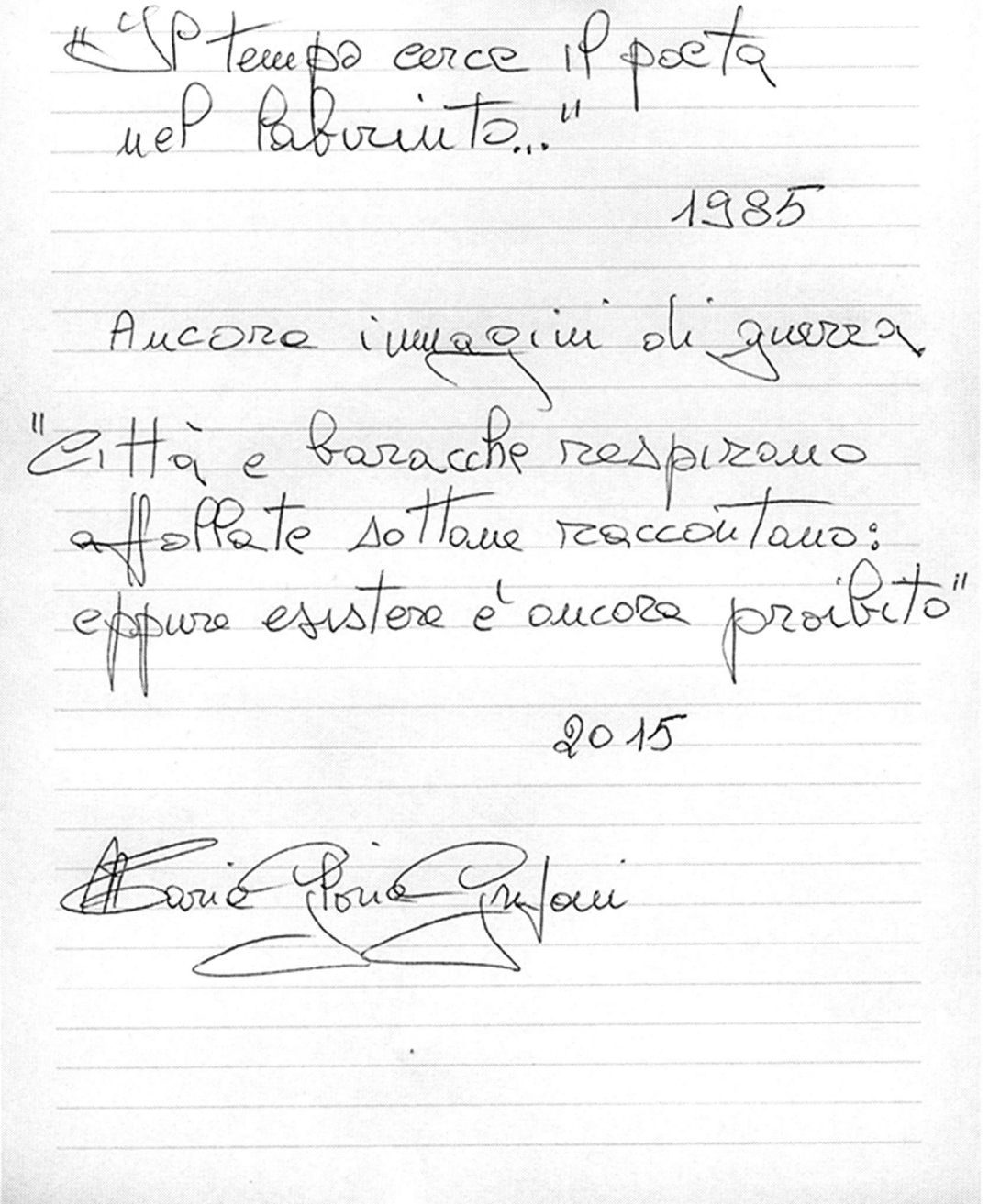

The language of poets must help us rebuild, become children again, love one another and defuse that anesthesia of the heart, through simplicity, frankness and audacity.
Too many screams have left a trace on the earth, communicating to other men how they lived and how they died. Silence is a true crime against humanity.

He was seen walking among rifles
down a long road.
[...] They killed Federico
at the break of day.
The assassin never dared
to look him in the face:
each of them had his eyes shut tight;
"God won't save you!" they shouted.
And Federico fell dead.
Antonio Machado

Federico Garcia Lorca's words resonated, as if they could bring us back to a reflection, his reflection: "No one can imagine how lonely a Spaniard can be, especially one from Southern Spain."

There is never a night that, when kissing,
one doesn't feel the smiles of faceless people
nor is there anyone who touches a new-born child
who can forget the still skulls of horses.
Federico García Lorca

I go out naked on the street
swollen with lost
verses.
Federico García Lorca

ALLA RICERCA DI SPERANZA

VITTORIO CIGOLI
Professore emerito all'Università Cattolica del Sacro Cuore, Milano

Ut poësis pictura

Spolpare la vita come un frutto, torsolo compreso. Ogni giorno è un giorno buono per mettersi, meglio se nudo, cioè all'origine della creazione, di fronte alla tela che attende, oppure maneggiare creta, o servirsi di oggetti per comporre scultura.

A favore di chi? Seguendo l'"Ars Poetica" di Orazio potremmo dire, specie trattando di pittura, della poesia del vedere. "Ut pictura poësis", certo, ma rigirando i termini "ut poësis pictura", come in un quadro allegorico di Francesco Furini (1626) dove pittura e poesia si abbracciano e si baciano in un saffico connubio.

E contro chi? L'antimusa dell'oblio e della cancellazione della memoria. È lì che sparge gramigna la vera morte. Pablo Picasso, che ha altri otto nomi a dire delle complesse origini generazionali da rimemorare, è stato cresciuto per essere un genio e dà voce al suo destino. Lo rispetta e ne viene posseduto. Egli stesso affermerà in una famosa intervista all'età di ottantadue anni: "La pittura è più forte di me. Mi fa fare quello che vuole". È dunque un visitato, un posseduto dalla "poësis", proprio come Pindaro, le cui labbra da bambino sono state cosparse dal miele delle api. È da lì che sgorga la poesia; è lei la vera protagonista che attende chi le dia voce così che si diffonda nell'umanità. Due dunque le manifestazioni del poetare, ma comune l'origine allo stesso tempo interiore e "aliena".

E se riflettessimo sulla forma di conoscenza che gli è propria? Lo potremmo riconoscere come un seguace di Dioniso, il dio dell'ebbrezza e della possessione. Picasso è l'"illimitato", dalla produzione smisurata (oltre diecimila solo i dipinti) che crea incessantemente, specie in vecchiaia, e accumula opere perché non ci sia spazio per l'oblio al di là della sua fine mortale. "Verrà la morte e avrà i tuoi occhi", dice il poeta, ma ancora più grave è scomparire dalla memoria. Non è del genio essere destinato alla morte, l'ultima nemica. Giacomo Puccini ha escogitato un'altra via per ingannarla: non concludere, non finire; così è per Turandot a cui pure si dedica da oltre tre anni. Lasciandola incompiuta egli cerca di allontanarla da sé, confonderla. Forse che la morte falcia il vivente a cose non compiute? Sarebbe vile e meschino.

Torniamo a Picasso: ricapitola la storia della pittura, riscrive

IN SEARCH OF HOPE

VITTORIO CIGOLI
Professor emeritus at the Università Cattolica del Sacro Cuore, Milan

Ut poësis pictura

Picking life clean like a fruit, core included. Every day is a good day to stand naked, that is at the origin of creation, before the waiting canvas, or to handle clay, or to use random objects to create a sculpture.

What for? Following Horace's "Ars Poetica" we might say, especially since we are talking about painting, for the poetry of seeing. "Ut pictura poësis," of course, but turning the words around "ut poësis pictura," as in an allegorical painting by Francesco Furini (1626) where painting and poetry embrace and kiss in a sapphic union.

And against whom? The anti-muse of oblivion and memory cancellation. That is where real death spreads crabgrass. Pablo Picasso, who had eight more names reminding us of his complex origins, was raised to be a genius and voiced his own destiny. He respected it, he was possessed by it. He said, during a famous interview at the age of eighty-two: "Painting is stronger than me. It makes me do whatever it wants." So he was possessed by "poësis," just like Pindar, whose lips were sprinkled with honey by the bees when he was a child. That is where poetry flows from; poetry is the true protagonist waiting for someone to give her voice, to spread her throughout humanity. There are two manifestations of poetry, sharing an origin that is at the same time internal and "foreign."

What if we reflected on his preferred form of knowledge? We might then recognize him as a follower of Dionysus, the god of inebriation and possession. Picasso was "unlimited," his production is enormous (more than ten thousand paintings), he worked incessantly, especially in his old age, and accumulated works so that there would be no room for oblivion after his death. Death will come and will have your eyes, said the poet, but disappearing from memory is unbearable.

Geniuses are not destined to death, the last enemy. Giacomo Puccini figured out another way to deceive it: leaving things unfinished, incomplete; he did that with Turandot, after working on it for over three years. Leaving it unfinished meant trying to push it away from himself. For death to mow down the living when so many things are still unfinished would be petty and vile.

le opere dei grandi maestri del passato (Raffaello, Goya, Delacroix, Manet, Poussin, Ingres, Vélazquez) e si pone come nuova origine. Una cesura: dopo di lui la pittura non sarà più come prima. In realtà sarà proprio la figurazione, di cui Picasso è devoto seguace al di là delle sue deformazioni-trasformazioni, a morire. Astrattismo, arte informale, "action painting" sono andate alla conquista dello spazio pittorico. Il genio è così solo, con il suo stile-carattere. Carsten-Peter Warncke (1992) l'ha definito "stile Picasso", in cui l'oggetto pittorico può essere lo stesso, ma visto sempre in modo diverso. Che fatica dover dare la prova, e di continuo, di essere un creatore! Possiamo considerarlo un novello Noè che rifonda l'umanità dopo il diluvio. Se Noè riceve la colomba recante nel becco il ramoscello d'ulivo come segno di pacificazione tra Dio e gli uomini, e così di nuova vita, l'altro la dipinge e la immortala. Ma gli uomini meritano la pacificazione? Sono in grado di riconoscerne il valore?

Riconoscersi

Picasso dall'inizio alla fine della sua vita si è occupato di famiglia; comincia con *La famiglia Soler* (1903) e chiude, negli ultimi anni di vita, con *Ritratto di famiglia* (1962). Sembra incredibile se si guarda alla distorsione, anche grave, dei legami vissuti e fatti vivere coinvolgendo più compagne di vita e più figli. Creare e falciare legami. Ma l'opera d'arte non si misura tanto e solo sugli accadimenti, piuttosto li traguarda offrendo l'inatteso in fatto di sensibilità e senso di vita. In questo Picasso è vero maestro di dialogo interumano perché mette a nudo sentimenti cruciali. È nel cuore della nostra cultura il riconoscimento del valore dell'immagine. Aristotele nel *De Anima* sostiene che non possiamo pensare senza immagini: immagini e parola, dunque, come ciò che è distintivo dell'umano. Attivare il *"mundus imaginalis"* diventa così un compito di chi, in quanto clinico e ricercatore, si occupa in particolare di legami famigliari e di coppia com'è, e da lunga tempo, il mio caso. Potremmo dire che l'immagine, nel nostro caso pittorica, è una forma di "logos dell'anima", un flusso simile al fuoco. Così proponendo immagini ai famigliari sollecitiamo la *poësis* che è in ciascuno di loro, attivando poi uno scambio al contempo profondo e giocoso.
La recente ricerca neuroscientifica ci ha illuminati sia sul valore dello scambio-azione per rimodellare le relazioni ("in principio è l'azione"), sia sul ruolo svolto dal gioco nell'attivare il "nucleus accumbens" che interagisce con la corteccia cerebrale e l'amigdala.
Scelgo allora alcuni quadri di Picasso che uso proporre ai famigliari allorché chiedono cura per i loro legami, a dire della sua sensibilità al mondo dei legami, siano essi nei pressi della tragedia o della commedia umana. Ciò in coerenza con lo scopo del contributo, quello di giungere a riflettere su *Guernica* (1937), l'opera più famosa del XX secolo, per coglierne i segni possibili di speranza.

1. Pablo Picasso, *Poveri in riva al mare*, 1905, 105 x 69 cm, Washington, National Gallery / Pablo Picasso, *Poor People on the Seashore*, 1905, 105 x 69 cm, Washington, National Gallery

2. Pablo Picasso, *Arlecchino e la sua compagna*, 1901, 73 x 60 cm, Mosca, Museo Puškin / Pablo Picasso, *Harlequin and his Companion*, 1901, 73 x 60 cm, Moscow, Pushkin Museum

Let us go back to Picasso: he summarized the history of painting, he rewrote the works of great masters of the past (Raffaello, Goya, Delacroix, Manet, Poussin, Ingres, Velázquez) and set himself as a new origin. A caesura: after him, art would not be the same again. Actually figuration would totally disappear, a form that Picasso devotedly loved in spite of his deformations-transformation. Abstract art, informal art, "action painting" conquered the pictorial space. The genius remained alone, with his style-character. Carsten-Peter Warncke (1992) defined "Picasso style" the one where the pictorial object can be the same, but always seen in a different way. How hard it must be having to constantly prove one is a creator! We can consider him as a modern Noah restoring humanity again after the flood. While Noah receives the dove with the olive branch in its beak as a sign of peace between God and men, as a sign of new life, Picasso paints it and immortalizes it. But do men deserve peace? Are they able to understand its value?

Recognizing oneself

Picasso focused his work on family from the beginning to the end of his life; he started with *Soler Family* (1903) and finished, in the last years of his life, with *Family Portrait* (1962). It seems incredible if we look at how distorted his personal bonds were, involving various life partners and various children. Creating and destroying relationships. But artworks cannot be measured just through events, they actually offer the unexpected in terms of sensitivity and life. In this sense, Picasso was a true master of interpersonal dialogue, because he knew how to lay bare important feelings.

Recognizing the value of image is at the heart of our culture. Aristotle, in his *De Anima*, claimed that we cannot think without images: therefore, images and words are the distinctive feature of humans. Activating the *"mundus imaginalis,"* therefore, becomes the task of those who – as clinicians and researchers – are particularly concerned with family and couple relationships, just like myself. We might say that images, in our case pictorial images, are a form of "logos of the soul," a fire-like flow. Thus, by showing images to families, we stimulate the *poësis* in each of them, creating an exchange that is both profound and playful at the same time.

Recent neuroscience research showed the value of exchange-action to remodel relationships ("in the beginning was the act"), and the role fulfilled by play in activating the *"nucleus accumbens"* that interacts with the cerebral cortex and the amygdala.

So I show some Picasso paintings to the families when they want care for their bonds, when they want to feel sensitive about the world of bonds, be them tragic or comic. This is consistent with my goal to reflect on *Guernica* (1937), the most famous artwork of the 20th century, to grasp its possible signs of hope.

Poor People on the Seashore (1905). A painting of family mourning, crossed by the deep blue of despair. We know how much Picasso was upset by the suicide of his friend Casagemas, but what the artist wants to communicate is the fall of hope into an indefinite, monochrome place. Creation is also affected by this. How often does despair strike, strangling the bonds between generations? And how does one

Poveri in riva al mare (1905). Un quadro di lutto famigliare, attraversato dal blu profondo della disperazione. Sappiamo quanto Picasso sia rimasto sconvolto dalla morte per suicidio dell'amico Casagemas, ma ciò che l'artista mette in scena (comunica) è proprio la caduta, in un luogo indefinito e monocromo, della speranza. Anche la creazione ne risente. Quante volte la disperazione colpisce e stringe come in una tenaglia i legami tra le generazioni? E come se ne esce? È il caso di andare alla ricerca di ciò che ha sconvolto le relazioni famigliari.

Arlecchino e la sua compagna (1901). Raro trovare quadri che mettano così bene in luce la divisione tra gli uomini (maschio e femmina) da cui proviene l'impossibilità della *"communio"*. Ognuno è perso nel suo mondo anche se a contatto di spalle. Impossibile incrociare lo sguardo, cioè vedersi e confrontarsi. Lei si sostiene con il polso della mano in modo che non ci sia sprofondamento (la melanconia); lui si tormenta con le mani-artiglio. Davanti a tutti e due ecco ciò che permette di alleviare il dolore, anche a costo di perdersi: il bicchiere di assenzio. Le famiglie in cui uno o più membri si perdono in alcool e droghe e cibo ben si riconoscono in tale stato dei loro legami. Si può così trattare con loro della parola vera: il dolore della caduta di *"communio"* e il deserto dell'isolamento. La stessa scena drammatica peraltro può essere scelta da coppie alla fine del loro legame. Dove abita la speranza?

Famiglia di acrobati con scimmia (1905). L'acrobata (Picasso), metafora del vivere ai margini e sempre a rischio di caduta mortale, evita il contatto fisico, ma guarda verso quel centro occupato dal legame madre-figlio i cui bei volti meritano di essere sottolineati. Una madre con il suo Bambino Gesù che come in migliaia di tavole si rivolge allo spettatore per incontrarne lo sguardo. Ma ecco, a destra, in basso una scimmia che a sua volta volge lo sguardo alla coppia madre-bambino. Una doppia rimirazione dunque: quella dell'acrobata che riflette sul luogo della creazione (chi genera? la donna o il genio?) e quello della scimmia "trickster", la cui logica è quella dell'appetito sessuale, della voglia che vuole possedere in qualsiasi modo, violenza compresa.

I membri famigliari di certo non interpretano né devono conoscere l'opera e l'intenzione dell'autore, piuttosto è loro compito associare e riconoscersi. Qualcuno così può essere attratto dalla scimmia che guarda ponendosi domande; qualcun altro dalla coppia madre-bambino, un altro ancora dalla tristezza dello sguardo dell'acrobata. È proprio il dialogo che viene a far luce sulla dinamica famigliare in merito ai luoghi e ai tempi, quelli della tenerezza, della malinconia, del desiderio e della violenza. E al fondo di tutto? I temi della fiducia, della speranza e della giustizia nello scambio, con l'attesa che le riguardano e con le cadute che prendono il nome di sfiducia, disperazione e ingiustizia.

Famiglia in riva al mare (1922). Incredibile e fondamentale azione generativa. Le fasi pittoriche e i loro temi si susseguono in Picasso, quasi come le sue "riprodotte" relazioni famigliari. A noi però interessa quanto egli offre in termini

3. Pablo Picasso, *Famiglia di acrobati con scimmia*, 1905, 104 x 75 cm, Göteborg, Göteborgs Konstmuseum / Pablo Picasso, *Family of Acrobats with Monkey*, 1905, 104 x 75 cm, Göteborg, Göteborgs Konstmuseum

deal with this? It is time to go looking for what upset family relationships.

Harlequin and His companion (1901). Paintings that are able to portray so well the division between male and female, cause of the impossibility of "*communio*," are rare to find. The two are lost in their own world, even if their shoulders touch. Eye contact is impossible, it is impossible to see each other and face each other. She supports her head with her wrist in order not to sink (melancholy); he touches his face with claw-like hands. Before them, the only thing capable to alleviate the pain: a glass of absinthe. Families in which one or more members lose themselves in drugs, alcohol and food know so well what this painting means. So one can discuss with them about the pain caused by the fall of "*communio*" and the desert of isolation. The same dramatic scene can also be chosen by couples at the end of their relationship. Where does hope live?

Acrobat's Family with Monkey (1905). The acrobat (Picasso), a metaphor of life on the edge, always at risk of a deadly fall, avoids physical contact but looks towards the center occupied by the bond between mother and child, whose beautiful faces deserve to be emphasized. A mother with her Baby Jesus who, as in thousands of paintings, faces the spectator to meet their eye. But in the low right corner there is a monkey, looking at the couple mother-baby. A double gaze: the one of the acrobat reflecting on creation (who is the creator? The mother or the genius?) and the one of the "trickster" monkey, whose logic is that of sexual appetite, of a desire that wants to possess with all possible means, including violence.

Family members certainly do not have to interpret nor to know the painting ant the intention of the author, their task is to associate and recognize themselves. Thus, some can focus on the monkey that stares and asks itself questions; some on the couple mother-baby, some on the sad look of the acrobat. The dialogue that stems from this sheds light on family dynamics regarding places and times, tenderness, melancholy, desire and violence. What can we find at the bottom of all this? The theme of a trustworthy, hopeful and fair exchange, with all of its expectations and falls called distrust, despair and unfairness.

Family on the Seashore (1922). An incredible and crucial generative action. The pictorial phases and their themes follow one another in Picasso's work, almost like his "reproduced" family relationships. But what we are interested in is what he offers in terms of recognition of deep feelings, and in this painting the gesture is at the center of the scene.

This is a classicist scene, something that is repeated and renewed over time, from generation to generation. Father, mother, child with redundant volumes (the value of origins) are located in a landscape made of land and sea, at the origin of time. The mother gently puts her right hand on her child, pushing him towards the father, and the child touches his father's face: wake up, show yourself, let us know you! Awakening fatherhood ("*mater semper certa*") is the task of the feminine-maternal, but also a responsibility taken on by the masculine-paternal. What really matters here, even more than roles, is the fraternity of parental responsibility, in the sense of feeling united within a task that challenges time. The narcissistic, demiurgic, hypnotizing and devastating Picasso knows how hard it is to recognize paternity (the generating triangle). Children are not toys, as one of his own children will say.

When a family member chooses and proposes this painting, they are actually asking everyone else to reflect on the origins, on fair and unfair things, on order and disorder and their effect on generational bonds. We might say that hope lies precisely in the gesture facilitating the relationship.

di riconoscimento del sentire profondo e qui è proprio il gesto a essere al centro della scena.

Ci troviamo di fronte a una scena classicista, a dire di qualcosa che si ripete e si rinnova nel tempo di generazione in generazione. Padre, madre, bambino dai volumi ridondanti (il valore delle origini) sono situati in un paesaggio fatto di terra e mare, cioè all'origine del tempo. La madre appoggia la mano destra sul figlio spingendolo delicatamente verso il padre e il bimbo con il dito ne sfiora il viso: risvegliati, fatti vedere e conoscere! Come risvegliare la paternità ("*mater semper certa*") è un compito del femminile-materno, ma anche un'assunzione di responsabilità del maschile-paterno. Ancor più dei ruoli, qui ciò che conta è la fratellanza di responsabilità genitoriale, nel senso di sentirsi accomunati in un compito che sfida addirittura il tempo mortale. Il Picasso narcisistico, demiurgico, ipnotico e devastante sente il problema di riconoscere la paternità (il triangolo generante) e la difficoltà di tale azione. I figli, insomma, non sono balocchi, come dirà uno dei suoi figli.

Quando un famigliare sceglie e propone questa tavola chiede di fatto a tutti di riflettere sulle origini e così di cosa di giusto e ingiusto, di ordine e disordine si è distribuito nei legami generazionali. Potremmo anche dire che qui la speranza sta proprio nel gesto che favorisce la relazione.

Claude e Paloma che disegnano (1954). Occupandosi dei suoi figli è Picasso stesso che riflette nella propria produzione artistica (creativa). Sotto il riflettore (verde e celeste) stanno i due bambini intenti a disegnare. La curva dell'abbraccio materno, eseguita con pochi tratti e in un'area blu profondo, li contiene in modo sicuro: distinzione (i figli maschio e femmina) e cura protettiva dunque.

Non a caso quando i famigliari scelgono questa tavola per il dialogo trattano di cura ricevuta o meno, di fiducia (azzurro) e speranza (verde) presenti, o assenti nella loro vita. Sono gli stessi genitori che possono tornare alla loro infanzia, rileggendola, e la stessa cosa possono fare i figli adolescenti e giovani adulti. Tornare dunque alle origini riflettendo, ecco il compito. Fiducia, speranza, giustizia (fare la cosa giusta) sono le tre stelle dei legami generazionali. Questo è l'essenziale relazionale, questa la matrice simbolica (syn-ballein). Ma in *Guernica* dove abita la speranza?

La speranza? Ciò che attendiamo

Padova, Cappella degli Scrovegni. Giotto dipinge la Speranza come una donna che tende le mani verso un angelo da cui verrà incoronata. Genialmente il pittore figura la Carità (la "*charis*" della nostra matrice culturale greca) a seguire, vale a dire come coronamento della prima. Solo sperando si distribuisce legame tra gli uomini. E la disperazione, quella che abbiamo già incontrato in Picasso? Una donna impiccata.

Potremmo figurare la speranza come una roccia che resiste all'attacco del male e del tempo e non si sgretola, o come un'isola di approdo durante la tempesta, oppure come un ramoscello (d'ulivo), come quello presente nel monumento funebre di Tino da Camaino in San Domenico Maggiore a Napoli.

Concepita come demone molesto da Eschilo, Euripide, Seneca ("saggio è colui che non spera", "una maledizione dell'anima", "il cibo degli esiliati") secondo una visione cinico-depressiva, è invece riconosciuta da Aristotele come uno dei tre piaceri dell'uomo: ricordare, contemplare, sperare. Sì, piaceri che meritano tanta attenzione.

In realtà la speranza è un bene scarso perché viene sempre a seguito di fallimenti, cadute, catastrofi. È anche imprevedibile. Franz Kafka consegna all'amico Max Brod tutta la sua "oeuvre" con un compito terribile: bruciarla senza essere letta. Ma è proprio in questo gesto estremo che la speranza si insinua e procede al di là dell'odio verso il

Claude and Paloma Drawing (1954). Taking care of his children, Picasso reflects on his artistic (creative) production. Under the (green and sky blue) spotlights, the two children are drawing. The curve of the motherly hug, just a few strokes in a deep blue area, safely wraps them up: distinction (boy and girl) and care.

It is no coincidence that when family members choose this painting for dialogue they focus on the care received or denied, on trust (sky blue) and hope (green). Parents can go back to their childhood, reread it, and the same can be done by teenager or young adult children. This is the task: going back to one's origins and reflecting. Trust, hope, fairness (doing the right thing) are the three stars of generational bonds. This is the relational essential, this is the symbolic matrix (syn-ballein).

But where does hope live in *Guernica*?

Hope is what we are waiting for

Padua, Scrovegni Chapel. Giotto paints Hope as a woman reaching out to an angel who will crown her. The painter brilliantly portrays Charity (the "*charis*" of our Greek cultural origins) next, that is to say, as a culmination of the former. Only through hope can bonds be spread among humanity. What about despair, a theme already addressed by Picasso? A hanged woman.

We could imagine hope as a rock that withstands the assault of evil and time without crumbling, or as an island where to arrive during the storm, or as an (olive) branch just like the one in Tino di Camaino's funeral monument at San Domenico Maggiore in Naples.

Conceived as a harassing demon by Aeschylus, Euripides, Seneca ("a wise man does not hope," "a curse of the soul," "the food of the exiled"), according to a cynical-depressive vision, it is instead recognized by Aristotle as one of the three pleasures of men: remembering, contemplating, hoping. And yes, these pleasures deserve attention.

In fact, hope is a scarce good because it always comes after failures, falls, catastrophes. It is also unpredictable. Franz Kafka gives his friend Max Brod his "oeuvre" asking him to burn it without reading it. But it is precisely in this bold gesture that hope goes beyond hate, towards the world, towards oneself. That friendship (here is one thing worth hoping for) will save works like *The Castle, The Metamorphosis, The Trial*.

And what would have happened to the "oeuvre" of Vincent Van Gogh without the hope of Joan and Bonger? There would be almost nothing left of his pictorial genius. This is how that expectation of infinity inherent to the verb "to hope" works.

Puvis de Chavannes (1872) depicts hope in two different, beautiful ways: a young girl, dressed in white, or naked, sitting down and surrounded by rubble (desolation), holding an olive branch in her hand; a few flowers are blossoming. We know what tragic event the painter refers to; yet, what we are interested in is the scent of hope: the scent of a spring, of a regeneration that comes from "*mater tellus*" and that pours on men. If one cannot stand the pain of the fall and violence itself, it is not possible to renew its origin and feel its scent.

What about Picasso? We followed him through works focusing on family bonds and deep feelings. It is true; his questioning through pictorial works is about being a creative genius; but by doing so, he speaks to us of desolation, falls, excruciating division attacking the "*communio*," but also, faintly, of hope.

Let us then turn to *Guernica*. We know very well its historical-ideological antecedents, as well as the multiple reference to the history of pictorial art and its authors. Cartsen-Peter

mondo e verso se stessi. Sarà proprio l'amicizia (ecco in cosa sperare) a salvare opere come *Il castello, La metamorfosi, Il processo*.

E cosa sarebbe l'"oeuvre" di Vincent van Gogh senza la speranza agita da Joann e Bonger? A noi non sarebbe rimasto quasi nulla del suo genio pittorico. Ecco così all'opera quell'attesa di infinito che regge il verbo "spero".

Puvis de Chavannes (1872) ne farà due splendide figurazioni: una giovane ragazza, vestita di bianco, oppure nuda, seduta e attorniata da macerie (la desolazione) tiene in mano un ramoscello d'ulivo; rari fiori stanno sbocciando. Sappiamo a quale evento tragico si riferisce il pittore; a noi però interessa sentire il profumo che viene dallo sperare: è quello sorgivo, di una rigenerazione che proviene dalla "*mater tellus*" e che si riversa sugli uomini. Se non si sopporta il dolore della caduta e la violenza stessa non è possibile rinnovare l'origine e sentirne il profumo.

E Picasso? L'abbiamo seguito attraverso sue opere che parlano di legami famigliari e di sentimenti profondi che lo percorrono. È vero; il suo interrogarsi attraverso l'opera pittorica riguarda l'essere un genio creatore; ma così facendo ci ha parlato e ci parla di desolazione, caduta, divisione lacerante che attacca la "*communio*", ma anche, flebilmente, di speranza.

Rivolgiamoci allora a *Guernica*. Ben ne conosciamo gli antecedenti storico-ideologici, così come i molteplici rimandi alla storia dell'arte pittorica e ai suoi autori. Cartsen-Peter Warncke (1992) ne ha parlato come di un "retablo", un trittico laico. Qui, però, desideriamo andare alla ricerca di segni-simboli che parlino di speranza.

Seguiamo allora Picasso nella sua produzione creativa avendo la fortuna di disporre, attraverso la fotografia di Dora Maar, delle diverse versioni dell'opera.

Concepisco l'opera artistica come incorporata in un *triangolo comunicativo*. Vi fanno parte l'intenzione dell'artista, compresi i mutamenti e i ravvedimenti, l'opera-prodotto offerta alla visione, lo sguardo-sentimento di chi la riceve. Qui sta la "*communio*" possibile. Un'opera pittorica è creativa nella misura in cui smuove e rigenera affetti facendone oggetto di riflessione e meditazione. Può accadere così che essa ecceda la stessa intenzione dell'artista. Come clinico che si occupa di legami tra gli uomini a partire da quelli famigliari-generazionali posso dare testimonianza di questa espansione di senso che opera nel momento presente. Ecco allora la domanda: nel trittico allegorico c'è o non c'è traccia di speranza? E se sì, dove?

Ora, nella seconda versione di *Guernica* il pugno che stringe steli di grano davanti al sole cocente, o aureola fiammeggiante, sa di speranza: grano, vite, ulivo sono le piante sacre della cultura dell'Occidente mediterraneo. Tale figurazione, però, perde successivamente centralità ed esce addirittura di scena. Per Picasso è il banale del male quotidiano, guerra compresa, mentre suo scopo è elevare il dramma in senso universale, cioè come rischio incombente di fine dell'umanità.

Escono poi di scena anche le lacrime rosso sangue della donna, perché in questo crede Picasso: è il monocromo che produce forti sentimenti nell'osservatore.

E la lampada-occhio seghettata? Da possibile luce (origine) diventa arma letale in mano alla tecnologia distruttiva. Ben altra è la raffigurazione nel dipinto *La pace* messo a confronto con *La guerra* (Vallauris, 1952). Qui sole e occhio sanno di grano e la luce si diffonde nell'ambiente vitale. Insomma Picasso ci vuole condurre su altre strade.

In verità *Guernica* nelle sue varie versioni e nel tempo di cinque settimane di lavoro incessante ci conduce verso una caduta nella disperazione. Un'icona terrificante di ciò che gli uomini fanno a se stessi e alla natura che li ospita: annientamento, devastazione, desolazione.

Ma dov'è allora, se mai c'è, il barlume della speranza che, umilmente, può opporsi alla violenza distruttrice?

4. Pablo Picasso, *Claude e Paloma che disegnano*, 1954, 45 x 59 cm, Parigi, Musée Picasso / Pablo Picasso, *Claude and Paloma Drawing*, 1954, 45 x 59 cm, Paris, Musée Picasso

Warncke (1992) talked about it as a *"retablo,"* a secular triptych. But our goal, here, is to look for signs-symbols of hope. Let us follow Picasso in his creative production, since we are lucky enough to have Dora Maar's photographs showing us the various versions of the painting.

I think of artistic works as incorporated in a *communicative triangle*. This triangle involves the artist's intentions, his changes and amendments, the work-product offered, the gaze-feeling of those who receive it. This is the possible *"communio."* A pictorial work is creative in so far as it inspires and regenerates affections, making them a subject of reflection and meditation. So it can happen that it exceeds the very intentions of the artist. As a clinician dealing with bonds between men, including family and generational ones, testify to this expansion of sense operating in the present.

Here is the question, then: is there or is there not a trace of hope in this allegorical triptych? And where?

In the second version of *Guernica* the fist holding wheat stalks before the burning sun, or flaming halo, feels like hope: wheat, vine, olive tree are the sacred plants of the Mediterranean West. Nonetheless, such depiction gradually loses centrality and ends up being removed from the scene. For Picasso it represent the triviality of evil, war included, while his purpose is that to elevate the tragedy to a universal sense, as the potential but impending risk of the end of humanity.

The woman's blood-red tears are removed from the scene, too, because this is what Picasso believes in: the monochrome generates strong feelings in the observer.

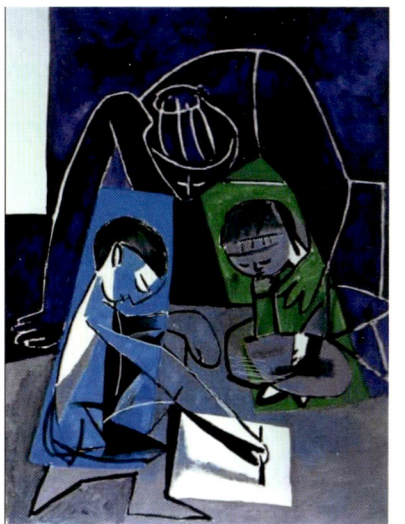

And what about the serrated lamp-eye? It turns from possible light (origin) into a lethal weapon in the hands of destructive technology. The depiction is extremely different in the painting *Peace* compared with *War* (Vallauris, 1952). Here, sun and eye feel like wheat, and the light spreads in a vital environment. In short, Picasso wants to lead us on other paths.

Actually *Guernica*, throughout its various versions and its five weeks of relentless work, leads us to a fall into despair. A terrifying icon of what men do to other men and to the nature that hosts them: annihilation, devastation, desolation.

But where is, if any, the glimmer of hope that can humbly oppose destructive violence? I look for it and find it in the lighted lantern and in the motionless bull; yes, in the bull. It is true; the arm holding the lighted lantern illuminates the scene of devastation that affects everything and everyone, including the "poësis" (the horse), but it is the same one of the virgins waiting for their lord to arrive and take part in the wedding party. Seeing, or keeping one's eyes open on the danger of the end-destruction, is a way to recognize the need for hope. It is no coincidence that the lantern appears in all the versions of the painting, always next to a human face. What if Picasso was acting as a godfather, just like he did when Max Jacob converted to Catholicism?

And what about the bull? An animal sacred to Dionysus, it has always been a distributor of life. Phaethon, the myth says, lost control of the sun chariot and killed a bull grazing by the Eridanos, the sacred river. From his quartered limbs life will be born: blood-wine, spinal cord-wheat and cereals

La cerco e la incontro nella lanterna accesa e nel toro immobile; sì, proprio lui. È vero; il braccio che tiene la lanterna illumina la scena della devastazione che colpisce tutto e tutti, anche la *"poësis"* (il cavallo), ma è pur sempre anche quella delle vergini che attendono l'arrivo del loro signore per la festa nuziale. Vedere, cioè tenere gli occhi aperti sul pericolo della fine-distruzione è un modo per riconoscere il bisogno di speranza. Credo che non a caso la lanterna sia presente in tutte le versioni dell'opera e nei pressi di un volto umano. E se Picasso ne fosse un padrino come ha fatto in occasione della conversione al cattolicesimo di Max Jacob?

E il toro? Animale sacro a Dioniso, il tauriforme è, dall'antichità, distributore di vita. Fetonte, così narra il mito, precipitando dal carro solare abbatte un toro che pascola presso l'Eridano, il fiume sacro. È dalle sue membra squartate che nascerà la vita: il sangue-vino; il midollo spinale-frumento e cereali per l'umanità. Da parte sua Eracle, figura dionisiaca, torna dall'Isola Rossa con i tori di Gerione e si ferma a Sevilla. È lì che rinnova il sacrificio del toro, la tauromachia. Dopo la sua morte, infatti, esso è il cibo per la "comida comunitaria" nelle famiglie.

E se il toro immobile per Picasso, il dionisiaco, fosse ciò che resiste alla violenza dell'uomo sull'uomo e come speranza rinnovasse la vita contrastando la morte? E se fosse che tocca proprio al toro rigeneratore proteggere quella fonte di vita e speranza che è la relazione madre-bambino?

Non è forse vero che la forza morale di un popolo e la sua *"pietas"* possono rilanciare l'*"ethos"* dei legami con l'altro, il diverso, la natura in nome di un comune destino?

Bibliografia
V. Cigoli, *Ritratti di famiglia. Ascesa e declino delle famiglie nella pittura*, in *L'albero della discendenza. Clinica dei corpi familiari*, Franco Angeli, Milano 2006, pp. 41-75.
V. Cigoli, *Il viaggio iniziatico. Clinica dei corpi familiari*, Franco Angeli, Milano 2012.
V. Cigoli, *El árbor de la descendentia*, Herder, Barcelona 2012.
V. Cigoli, E. Scabini, *Family Identity. Ties, symbols and transitions*, Taylor, New York 2006.
J. Larrea, *Guernica. Pablo Picasso*, Curt Valentin, New York 1947.
C.P. Warncke, *Picasso, vol. II*, Taschen Verlag, Köln 1992.

for humanity. For his part Heracles, a Dionysian figure, returns from the Red Island with the bulls of Geryon and stops in Seville. There, he renews the sacrifice of the bull, tauromachy. After its death, the bull becomes food for the family "*comida comunitaria.*"

What if the motionless bull, the Dionysian, symbolized for Picasso that which resists to the violence of men against men while renovating life – as a sign of hope – by opposing death? What if the regenerator bull's tasks were to protect that source of life and hope, that is the mother-child relationship?

Is it not true that the moral strength of a people and its "*pietas*" can revive the "*ethos*" of human bonds, of a shared destiny with nature and with the other?

Bibliography
V. Cigoli, "Ritratti di famiglia. Ascesa e declino delle famiglie nella pittura," in *L'albero della discendenza. Clinica dei corpi familiari*, Milan, Franco Angeli, 2006, pp. 41–75.
V. Cigoli, *Il viaggio iniziatico. Clinica dei corpi familiari*, Milan, Franco Angeli, 2012.
V. Cigoli, *El árbor de la descendentia*, Barcelona, Herder, 2012.
V. Cigoli, E. Scabini, *Family Identity. Ties, symbols and transitions*, New York, Taylor, 2006.
J. Larrea, *Guernica. Pablo Picasso*, New York, Curt Valentin, 1947.
C.P. Warncke, *Picasso, vol. II*, Köln, Taschen Verlag, 1992.

GUERNICA: DALLA GUERRA TOTALE AL DISARMO

FABRIZIO BATTISTELLI
Presidente dell'Istituto di ricerche internazionali / Archivio Disarmo

Un capolavoro vicino, non lontano

Mentre di fronte a questo segno del XX secolo l'amante dell'arte rimane affascinato e turbato, l'osservatore di politica internazionale può essere indotto a frapporre una distanza tra sé e *Guernica*, tra *quel* tempo e *questo* tempo.

Niente di più sbagliato. Non solamente perché il capolavoro di Picasso è un grido contro la guerra, una testimonianza e una ribellione esistenziale contro tutte le guerre, ma anche perché, drammaticamente, la sua prossimità a noi oggi è molto maggiore di quanto crediamo. Non mi riferisco tanto alle analogie che alcuni hanno voluto vedere tra gli anni trenta del secolo scorso e l'odierno mondo globalizzato, dove a violente crisi internazionali si sovrappongono gravi tensioni in campo politico ed economico tra gli stati e, al loro interno, minacciose pulsioni populiste. Rispetto a una simile associazione di idee, infausta ma troppo generale per poter essere discussa, mi appare molto più verosimile la parentela fra la tragica distruzione della città basca e l'irruzione sulla scena strategica di una protagonista che da quel 26 aprile del 1937 non l'ha più abbandonata: la guerra totale.

Non è un caso che la matrice culturale del concetto di guerra totale e la sua prima applicazione pratica, presto portate alle ultime conseguenze in occasione del secondo conflitto mondiale, siano stati i regimi totalitari degli anni trenta. All'ovvia centralità rivestita in questo processo dalla Germania nazista si unisce – motivo di riflessione per il nostro Paese, che invece tende a dimenticarlo – la responsabilità subalterna ma non irrilevante dell'Italia fascista. A mettere a ferro e fuoco Guernica, infatti, non furono soltanto gli aeroplani della Legione Condor tedesca ma anche quelli dell'Aviazione legionaria italiana (l'una e l'altra forze di "volontari" del tutto improbabili, visti i mezzi di cui disponevano) le quali obbedivano direttamente a Hitler e a Mussolini. Né è da trascurare come fosse italiano il teorico della "superiorità aerea", il generale Giulio Douhet, dal quale il capo di stato maggiore dell'operazione Condor, Wolfram von Richthofen, aveva tratto ispirazione per la preparazione ed esecuzione dell'intervento tedesco. L'unica differenza risiedeva nel fatto che, mentre nella logica essenzialmente propagandistica di

GUERNICA: FROM TOTAL WAR TO DISARMAMENT

FABRIZIO BATTISTELLI

President of the Institute of international Research / Disarmament Archive

A masterpiece that is close, not far

Looking at this sign of the 20th century, an art lover is fascinated and upset, while an observer of international politics could end up trying to put a distance between themselves and *Guernica*, between *that* time and *this* time. Far from it, not only because Picasso's masterpiece is a scream against war, a token and an existential rebellion against all wars, but also because – dramatically – it is way closer to us than what we believe. I am not referring to the analogies some wanted to see between the 1930s and today's globalized world, undergoing violent international crises, political and economic tensions between States and, within them, dangerous waves of populism. This association of ideas is unfortunate but too general to be discussed. I am referring to the link between the tragic destruction of the Basque town and the appearance of a protagonist that has not left the strategic scene since April 26th, 1937: total war.

It is no coincidence that the cultural matrix of the concept of total war, as well as its first practical implementation, were the totalitarian regimes of the 1930s, taken to their extreme during World War II. The obvious key role of Nazi Germany in this process goes hand in hand – and our country should not forget it – with the subordinate but not irrelevant responsibility of Fascist Italy. In fact, the Guernica bombing was carried out not only by the aircraft of the German Condor Legion, but also by that of the Italian Legionary Air Force (these were both voluntary forces, some very unlikely ones, given their limited means), which directly obeyed Hitler and Mussolini. Nor should we forget that the theoretician of "air superiority," General Giulio Douhet, was Italian as well; he inspired the Chief-of-Staff of the Condor operation, Wolfram von Richtofen, in preparing and implementing the German intervention. The only difference lays in the fact that, while Mussolini thought of the intervention in Spain as a show of strength against Western powers, Hitler's plan was to use Spain as the prelude to the aggressive war that would lead to the establishment of the Reich. This division of labor – Nazi action, Fascist strategy – would characterize World War I until the *débâcle* of September 8th, 1943.

Mussolini l'intervento in Spagna intendeva essere una dimostrazione di forza nei confronti delle potenze occidentali, più lucidamente Hitler utilizzava l'arena spagnola come laboratorio e palestra per la guerra di aggressione che andava preparando in Europa in vista dell'instaurazione del Reich millenario. Una divisione del lavoro questa – ai nazisti i fatti, ai fascisti le mosse – che avrebbe caratterizzato la prima parte del conflitto mondiale sino alla *débâcle* dell'8 settembre 1943.

Nella visione di Douhet l'aviazione era l'arma assoluta e ciò grazie ai bombardamenti. Superata l'iniziale fase cavalleresca dei duelli tra piloti dei caccia della Prima guerra mondiale, nei conflitti futuri l'autentica missione degli aeromobili diventava caricare a bordo il massimo potenziale distruttivo possibile, trasportarlo sul teatro delle operazioni e infine scaricarlo sull'obiettivo che era, a scelta, o quello "tattico" costituito dalle linee terrestri del nemico o quello "strategico" costituito dalle sue città. Il fine del bombardamento a tappeto (tecnicamente "di saturazione") era non soltanto la demolizione di uomini e cose presenti sul terreno; era terrorizzare tutti, anche coloro che non vi si trovavano presenti e che non ne rimanevano vittime dirette. Come scrisse nel suo diario Von Richthofen, "la paura, che non può essere indotta nell'addestramento delle truppe in tempo di pace, è molto importante in quanto coinvolge il morale. Più importanti delle armi per vincere le battaglie, gli attacchi aerei reiterati e concentrati esercitano il massimo effetto sul morale del nemico" (cit. in Patterson 2007: 55). Che "il massimo effetto sul morale del nemico" si conseguisse coinvolgendo non soltanto i combattenti ma anche i civili era implicito nel pensiero di Douhet che già nel 1921, nel suo influente libro *Il dominio dell'aria*, sosteneva che l'aviazione aveva reso definitivamente superata "la distinzione legale tra belligeranti e non belligeranti", spostando l'epicentro della guerra dal campo di battaglia, che ne era stato sede ancora nella Prima guerra mondiale, alla città. Dunque non più sulla Somme bensì, come con un esempio solo apparentemente astratto si esprimeva Douhet (2002: 8), su Parigi.

Guerra totale: dalla teoria alla pratica

Non si trattava solamente di teorie. Congiungendosi a dottrine militari sempre più aggressive, il progresso scientifico e tecnologico del XX secolo stava dando vita a una creatura mostruosa: la guerra assoluta. Ormai inarrestabile nell'"ascesa agli estremi" temuta da Clausewitz (1982), il fenomeno sociale guerra avrebbe travolto ogni argine faticosamente costruito dal pensiero politico e giuridico occidentale a partire dalla pace di Vestfalia, sintetizzabile nel ragionevole bilanciamento tra i mezzi e i fini e dunque in un qualche limite alla liceità dei primi. Pur di vincere, il contendente della guerra totale incontra sempre meno limiti oggettivi nella potenza distruttiva degli armamenti che ha a disposizione e nessun limite soggettivo nel rispetto delle consuetudini e delle leggi, che può violare impunemente. Per massimizzare l'efficacia dell'azione bellica, egli non si ferma di fronte a nessun vincolo, sino a travolgere il caposaldo dello *jus in bello*, la distinzione tra militari combattenti e civili inermi.

Dato che è politicamente il più inquietante di tutti, l'ascesa agli estremi della guerra totale non si limiterà al regime totalitario che l'ha inaugurata, quello nazista, ma contagerà anche le democrazie occidentali. A Guernica gli stati maggiori, non soltanto tedeschi, prenderanno atto della tragica efficacia della distruzione aerea della città, che porterà con sé la capitolazione della repubblica basca, consegnerà alle truppe di Franco la Spagna settentrionale e solleverà sì indignazione nell'opinione pubblica internazionale, ma anche sgomento e demoralizzazione nelle autorità legittime e nella popolazione

1. Il *Cartone di Guernica* al Senato della Repubblica, Sala Zuccari, 2017-2018 / The *Guernica Cartoon* at the Senato della Repubblica, Sala Zuccari, 2017–2018

2. Il *Cartone di Guernica* al Senato della Repubblica, Sala Zuccari, 2017-2018 / The *Guernica Cartoon* at the Senato della Repubblica, Sala Zuccari, 2017–2018

In Douhet's vision, the air force was the ultimate weapon, thanks to bombings. After the initial knightly stage of duels between World War I fighter pilots, in future conflicts the true mission of aircraft was to load the maximum destructive potential, carry it to the theater of operations and finally unload it on the target, which was either the "tactical" one constituted by the ground enemy lines or the "strategic" one constituted by enemy towns. The goal of carpet bombings (technically "saturation bombings") was not only to destroy men and things, but also to terrorize everyone, even those who were not there. As von Richtofen wrote in his diary, "Fear, which cannot be induced in the training of troops during peacetime, is crucial because it involves the morale. More important than the weapons used to win the battles, repeated air attacks have a huge impact on the morale of the enemy" (quoted in Patterson 2007: 55). This was achieved by involving not only soldiers, but also civilians: Douhet, in 1921, wrote – in his influential book *The Command of the Air* – that the air force had outdated "any legal distinction between belligerents and non belligerents," shifting the epicenter of war from the battlefield (still crucial during World War I) to the cities. So no longer on the Somme but, to use an apparently abstract example mentioned by Douhet (2002:8), in Paris.

Total war: from theory to practice

It was not just about theories. By joining ever more aggressive military doctrines, scientific and technological progress during the 20th century was giving birth to a monstrous creature: total war. War as an unstoppable social phenomenon, with an "ascent to the extremes" as feared by Clausewitz (1982), would sweep away any embankment painstakingly built through the Western thinking ever since the Peace of Westphalia, that of a reasonable balance between the means and the ends, of a limit to the lawfulness of the former. The contender of total war finds few objective limits in the destructive power of weapons, and no subjective limits to the respect of customs and laws, which they can violate with complete impunity. To maximize the effectiveness of their act of war, they will not stop until they crush the cornerstone of *jus in bello*, the distinction between military combatants and unarmed civilians. Being the most disturbing one politically, the ascent to the extremes of total war will not be limited to the totalitarian regime that inaugurated it, the Nazi one, but it will contaminate Western democracies. In Guernica the Chiefs of Staff, not only the German ones, will recognize the tragic effectiveness of the town's aerial destruction, which will lead to the capitulation of the Basque republic, make Northern Spain surrender to Franco's troops and cause outage among the international public opinion, dismay and demoralization among authorities and citizens. Starting in 1939, Nazi Germany will extend its strategy to many other cities: from the aerial bombings in Warsaw (happily observed with binoculars by Adolf Hitler after Poland was destroyed) (Fest, 2003) to Rotterdam, to the English cities of Coventry (razed to the ground in 1940) and London, which was the target of several "strategic" bombings, including those carried out in 1944 with "retaliatory weapons" V1 and V2, precursors of drones and missiles, respectively. In turn, the Allies will respond – in the final phase of the war – by systematically bombing German towns (where purely military purposes are indistinguishable from political ones) such as Cologne, Bremen, Lübeck and Dresden, almost entirely destroyed between February and March of 1945. But that is not all. Facing an unprecedented historic responsibility, the USA will end World War II through the atomic devastation of

dell'intero Paese. A partire dal 1939 la Germania nazista estenderà la sua strategia a numerose altre città. Dai bombardamenti aerei di Varsavia (scrutati con il binocolo da un eccitato Adolf Hitler a Polonia ormai debellata; Fest, 2003) a Rotterdam, sino alle città inglesi quali Coventry (rasa al suolo nel 1940) e la stessa Londra, bersaglio di bombardamenti "strategici" più volte e con più mezzi, comprese nel 1944 le "armi di rappresaglia" V1 e V2, precursori rispettivamente dei droni e dei missili. A loro volta gli Alleati replicheranno, nella parte finale della guerra, mediante i bombardamenti sistematici delle città tedesche (dove le finalità propriamente militari sono indistinguibili da quelle politiche della ritorsione fine a se stessa) quali Colonia, Brema, Lubecca e Dresda, distrutta al 90% negli attacchi del febbraio-marzo 1945. Ma non basta. Assumendosi una responsabilità che è unica nella storia e permane nel tempo, il Paese capofila nella liberazione del mondo dal nazifascismo, gli Stati Uniti d'America, porranno fine alla Seconda guerra mondiale con la devastazione atomica di Hiroshima e Nagasaki (210.000 vittime sul momento, senza calcolare i successivi decessi riconducibili alle radiazioni; Maurizi, 2004).

Il bilancio della Seconda guerra mondiale sarà raccapricciante. Nel complesso le vittime sono stimate in 50 milioni, con un rapporto tra civili e militari che capovolge tutti i precedenti, compresa la Prima guerra mondiale: 30 milioni di morti nella popolazione civile rispetto ai 20 milioni tra i combattenti. Tra i civili le vittime dei bombardamenti aerei si aggireranno intorno alle 60.000 unità in Gran Bretagna e 500.000 in Germania (Rochat, 2009).

Guerra totale e disarmo

L'apice della guerra totale è rappresentato dall'atomica, l'arma "pantoclastica" degli psicanalisti (Fornari, 1966), quella distruttiva di tutto, che porta alla perfezione assoluta l'annullamento della distinzione tra combattenti e non combattenti. L'involuzione imboccata dall'umanità sulla base dell'applicazione di tecnologie sempre più sofisticate e costose ("barocche" le ha definite Mary Kaldor, 1981), ma anche ingannevolmente "sicure" (per una delle due parti) e pericolosamente flessibili, appare ardua da arrestare. Negli armamenti nucleari oggi incombono due differenti forme di *proliferazione*. Innanzitutto quella *orizzontale*, come mostra l'attuale *impasse* di fronte alle minacce della Corea del Nord. In assenza di un regime di controllo internazionale efficace e condiviso, qualsiasi dittatura che abbia la possibilità di acquisire e gestire questo tipo di armamenti consegue una sorta di assicurazione per la propria perpetuazione. Può così pensare di sfidare il resto del mondo, a cominciare dalla superpotenza globale, resa impotente dal ricatto di una reazione nucleare dalle conseguenze tanto inimmaginabili nelle proporzioni quanto certe nella loro natura catastrofica. Nel frattempo prosegue la *proliferazione verticale*, consistente nell'ammodernamento degli arsenali nucleari esistenti (miniaturizzazione delle testate, perfezionamento dei vettori) a opera delle grandi potenze. Ignorando il vigente Trattato di non proliferazione nucleare, basato sulla rinuncia a questo tipo di armi da parte di tutti i Paesi del mondo a fronte di un graduale processo di disarmo da parte dei cinque membri del Consiglio di sicurezza dell'ONU, oggi le potenze globali Stati Uniti, Russia e Cina vanno svuotando l'autorità morale che sarebbe utile a interdire la proliferazione nucleare orizzontale.

L'obiezione che i realisti muovono ai fautori del disarmo nega che la corsa agli armamenti sia l'unica causa delle guerre. L'obiezione non è infondata, ma non può costituire l'alibi per non fare nulla. Se il gatto graffia, osservava Norberto Bobbio (1984), non si perda tempo a elucubrare sulla natura del gatto ma si provveda a tagliargli

3. Pablo Picasso e Jacqueline de la Baume Dürrbach, *Cartone di Guernica*, 1955, particolare / Pablo Picasso and Jacqueline de la Baume Dürrbach, *Guernica Cartoon*, 1955, detail

Hiroshima and Nagasaki (210,000 immediate victims, plus the countless deaths caused by radiations) (Maurizi, 2004). The death toll of World War II is appalling: an estimated 50 million victims, with a ratio between civilians and soldiers that inverts any previous trend, including World War I: 30 million deaths among civilians, 20 million deaths among the combatants. Among the civilian populations, there will be around 60,000 victims of aerial bombings in Great Britain and 500,000 in Germany (Rochat, 2009).

Total war and disarmament

The apex of total war is the atomic bomb, the "pantoclastic" weapon of psychoanalysts (Fornari, 1966), the one that destroys everything, that deletes any distinction between combatants and non-combatants. The path of involution taken by humanity by applying increasingly sophisticated and expensive technologies ("baroque" technologies, as defined by Mary Kaldor, 1981), that are also deceptively "safe" (for one of the two sides) and dangerously flexible, cannot be stopped. Today there are two different forms of *proliferation* in nuclear weapons. First of all, *horizontal* proliferation, as shown by the current impasse in the face of North Korea's threats. In the absence of an effective and shared international control regime, any dictatorship with the possibility to buy and manage this kind of weapon is somehow entitled to its perpetuation. It can challenge the whole world, starting with the global superpower, made powerless by the blackmail of a nuclear reaction with unimaginable catastrophic consequences. But also, *vertical* proliferation, namely the modernization of existing nuclear arsenals (miniaturization of warheads, improvement of vectors) by the great powers. Ignoring the current Nuclear Non-Proliferation Treaty, in which non-nuclear-weapon states

le unghie. Se il disarmo multilaterale e concordato non rappresenta la condizione sufficiente per la pace, innegabilmente ne rappresentata la condizione propedeutica. Si tratta di un processo difficile? In effetti sì, difficilissimo. Apparentemente impossibile, in uno scenario mondiale caratterizzato dai conflitti e ispirato dalla politica di potenza. Alle armi della guerra assoluta, tuttavia, si contrappone un'arma segreta: la ragione umana. Per diventare operativa, a sua volta la ragione ha bisogno di un soggetto che la faccia propria. Il soggetto capace di imbracciare quest'arma esiste ed è quello che nel 2003, alla vigilia dell'invasione dell'Iraq, il "New York Times" ha definito l'"altra" superpotenza mondiale: l'opinione pubblica.

Quest'ultima è ancora debole e divisa? Può darsi. Ma è in grado di realizzare obiettivi che fino al giorno prima sono stati giudicati impossibili. Come quello di far votare dall'Assemblea generale delle Nazioni Unite, il 7 luglio 2017, la bozza di Trattato per la proibizione dell'arma nucleare. Da chi è partita un'idea così ardita? Da un gruppo di associazioni (di cui Archivio Disarmo è orgoglioso di far parte) attive in cento Paesi del mondo. Dieci anni fa esse hanno dato vita a ICAN, International Campaign to Abolish Nuclear Weapons, il network internazionale al quale nel 2017 è stato conferito il premio Nobel per la pace. La strada per mettere un argine alla guerra totale è dischiusa, si tratta di non farla richiudere.

Bibliografia
N. Bobbio, *Il problema della guerra e le vie della pace*, il Mulino, Bologna 1984.
K. von Clausewitz, *Della guerra*, tr. it., Mondadori (ed. or. 1832-34), Milano 1982.
G. Douhet, *Il dominio dell'aria e altri scritti* (a cura di L. Bozzo), Aeronautica Militare, Ufficio storico (ed. or. 1921), 2002.
J. Fest, *La disfatta. Gli ultimi giorni di Hitler e la fine del Terzo Reich*, tr. it., Garzanti, Milano 2003.
F. Fornari, *Psicanalisi della guerra*, Feltrinelli, Milano 1966.
M. Kaldor, *The Baroque Arsenal*, Hill & Wang, New York 1981.
S. Maurizi, *Una bomba, dieci storie. Gli scienziati e l'atomica*, Bruno Mondadori, Milano 2004.
I. Patterson, *Guernica and Total War*, Harvard University Press, Cambridge, Mass. 2007.
G. Rochat, *Tutti i morti del Novecento*, in "La Repubblica", 20 gennaio 2009.

agreed never to acquire nuclear weapons and the five members of the UN Security Council agreed in exchange to pursue a gradual nuclear disarmament, today the USA, Russia and China do not have the moral authority needed to prevent horizontal nuclear proliferation.

Realists object that the arms race is not the only cause of wars. This objection is not groundless, but it cannot be an alibi for immobility. If a cat scratches, said Norberto Bobbio (1984), one must not waste time discussing the cat's nature, one must cut its nails. If multilateral and shared disarmament is not a sufficient condition for peace, it undeniably is a propedeutic condition. Is it a difficult process? Absolutely. It almost looks impossible, in a world scenario characterized by conflicts and inspired by power policies. But there is a secret weapon that can fight the weapons of total war: human reason. To become operational, reason needs in turn someone who can make it their own. That "someone" exists, and is the one who in 2003, right before the invasion of Iraq, the *New York Times* called "the other world superpower": public opinion. Is public opinion still weak and divided? Maybe. But it is also able to achieve objectives that were considered unreachable: such as making the UN General Assembly vote, on July 7th, 2017, the draft Treaty on the prohibition of nuclear weapons. Who had such a daring idea? A group of associations (of which Archivio Disarmo is a proud member) operating in 100 countries of the world. Ten years ago they created ICAN, International Campaign to Abolish Nuclear Weapons, the international network that – in 2017 – was awarded the Nobel Peace Prize. The path to stop total war has been opened, let us not close it.

Bibliography
N. Bobbio, *Il problema della guerra e le vie della pace*, Bologna, il Mulino, 1984.
K. von Clausewitz, *On War*, Italian translation, Milan, Mondadori (original edition 1832–1834), 1982.
G. Douhet, *Il dominio dell'aria e altri scritti* (edited by L. Bozzo), Aeronautica Militare, Ufficio storico (original edition 1921), 2002.
J. Fest, *The Defeat. The Last Days of Hitler and the End of the Third Reich*, Italian translation, Milan, Garzanti, 2003.
F. Fornari, *Psicanalisi della guerra*, Milan, Feltrinelli, 1966.
M. Kaldor, *The Baroque Arsenal*, New York, Hill & Wang, 1981.
S. Maurizi, *Una bomba, dieci storie. Gli scienziati e l'atomica*, Milan, Bruno Mondadori, 2004.
I. Patterson, *Guernica and Total War*, Cambridge, Mass., Harvard University Press, 2007.
G. Rochat, "Tutti i morti del Novecento," in *La Repubblica*, 20 January 2009.

In copertina / Cover
Pablo Picasso e Jacqueline de la Baume
Dürrbach, *Cartone di Guernica*, 1955 /
Pablo Picasso and Jacqueline de la Baume
Dürrbach, *Guernica Cartoon*, 1955

Silvana Editoriale

Direzione editoriale / Direction
Dario Cimorelli

Art Director
Giacomo Merli

Coordinamento editoriale / Editorial Coordinator
Sergio Di Stefano

Redazione / Copy Editor
Giulia Bonaglia, Paola Rossi

Coordinamento di produzione / Production Coordinator
Antonio Micelli

Segreteria di redazione / Editorial Assistant
Ondina Granato

Ufficio iconografico / Photo Editor
Alessandra Olivari, Silvia Sala

Ufficio stampa / Press Office
Lidia Masolini, press@silvanaeditoriale.it

Diritti di riproduzione e traduzione
riservati per tutti i paesi
All reproduction and translation rights
reserved for all countries
© 2018 Silvana Editoriale S.p.A.,
Cinisello Balsamo, Milano
© 2018 ART ESTATE Srls Casarile (MI)
© Succession Picasso, by SIAE 2018
© 2018 gli autori per i testi / the authors for their texts

A norma della legge sul diritto d'autore e del codice
civile, è vietata la riproduzione, totale o parziale,
di questo volume in qualsiasi forma, originale
o derivata, e con qualsiasi mezzo a stampa,
elettronico, digitale, meccanico per mezzo
di fotocopie, microfilm, film o altro, senza
il permesso scritto dell'editore.

Under copyright and civil law this volume
cannot be reproduced, wholly or in part,
in any form, original or derived, or by any means:
print, electronic, digital, mechanical, including
photocopy, microfilm, film or any other medium,
without permission in writing from the publisher.

Crediti fotografici / Photo credits

Archives of Marseille, Foto / Photo Marcel Coen, pp. 27, 29, 55
Photographic Archives Museo Nacional Centro de Arte Reina Sofía, pp. 53, 58, 60, 61
Curatorial files Kykuit, pp. 30, 31, 33
Courtesy of Rockefeller Archive Center, pp. 32, 33
Estate of Pablo Picasso ARS NY, p. 26
San Antonio Museum of Art, p. 35
©2017 Fotografico, Senato della Repubblica, pp. 89, 90, 93
Foto / Photo Lucien Clergue, p. 56
Foto / Photo Angelo Bardone, pp. 40, 45, 46, 54, 62, 63
Foto / Photo Marie Luise Pierson, p. 30
Foto / Photo Edward Queen, p. 52

Silvana Editoriale S.p.A.
via dei Lavoratori, 78
20092 Cinisello Balsamo, Milano
tel. 02 453 951 01
fax 02 453 951 51
www.silvanaeditoriale.it

Le riproduzioni, la stampa e la rilegatura
sono state eseguite in Italia
Stampato da Grafiche Antiga,
Crocetta del Montello (TV)
Finito di stampare
nel mese di gennaio 2018

Reproductions, printing and binding
in Italy
Printed by Grafiche Antiga,
Crocetta del Montello (TV)
Printed January 2018